용서의 기쁨

Maximum Saints Forgive

이영희 지음

Yong Hui V. McDonald

박연수 옮김

Translated by Yeonsu Park

『용서의 기쁨』
(*Maximum Saints Forgive*)
지은이: 이영희
옮긴이: 박연수
영어 초판발행 2010년 10월 1일
한국어 초판발행 2015년 6월 1일

© 2015 변화 프로젝트 교도소 문서 선교
(Transformation Project Prison Ministry)

표지 디자인: 르넷 맥클레인 (Lynette McClain)
그린이: 박영득, 찰스 폭스 일러스트레이터
표낸곳: 아도라 (Adora Productions)
Griefpathway Ventures LLC, P.O. Box 220, Brighton, CO 80601
ISBN: 978-1508471158
후원: 변화 프로젝트 교도소 문서 선교
(Transformation Project Prison Ministry)
P.O. Box 220, Brighton, CO 80601
홈페이지: www.maximumsaints.org
        http//blog.daum.net/hanulmoon24
        www.griefpathway.com
        www.veteranstwofish.org
이메일: tppm.ministry@gmail.com

한국 연락처: 이본 목사, 변화 프로젝트 지부장
        교정선교 변화 프로젝트
        인천시 남동구 구월3동 1388-15
        우편번호 405-840
Cell: 010-2210-2504, 교회전화: 070-8278-2504
이메일: leeborn777@hanmail.net
(본문의 성경구절은 대한성서공회의 개역개정판을 따랐습니다.)

(아도라는 스페인어로 Adora이고 영어로는 Adoration으로서 하나님을 깊은 사랑과 존경으로서 경배한다는 뜻으로 사용이 되었습니다. 아도라의 목적은 문서를 통하여 예수님의 사랑의 이야기를 땅 끝까지 전하여 사람들의 영적인 성장과 치유를 추진하는 것입니다.)

이 책을 당신께 바칩니다

이 책을 사랑의 많으신 하나님과 예수님, 성령님과 어떻게 용서하는 가를 배우고 싶어하는 모든 분들에게 바칩니다.

감사의 글

이 책이 출판될 수 있도록 번역을 해주신 박연수와 편집을 도와주신 임문순, 김은희, 오숙연, 오은경, 홍성희, 천명신, 박영득, 한명옥, 김옥순, 최미숙, Rita Finney, 장영자, 그리고 아름다운 일러스트레이 해주신 박영득과 찰스 폭스와 아담스 카운티에서 간증을 쓰신 모든 성도님들에게 감사를 드립니다.

놀라운 은혜와 기적을 보여주시며 교도소 선교와 문서 선교의 문을 열어주신 하나님께 깊은 감사를 드립니다. 마지막으로 모든 영광을 예수님께 돌립니다. 그분이 아니셨다면 이 책은 쓰여지지 못했을 것입니다.

차례

바치는 글
감사의 글
서문

1장: 용서의 기쁨 / 13

  1. 나의 노래 - 레이먼드 제임스 주니어
  2. 평안 - 캐런 크리거
  3. 용서하는 방법 - 빌리 택닐 시니어
  4. 나의 마음을 여셨다 - 채스티티 수아조
  5. 나의 잔이 넘칩니다 - 마이클 그레이엄
  6. 천사 - 데니스 아렌스
  7. 순종 - 새런 갤러고스
  8. 고통 - 메리 비스맨
  9. 대가 - 앨레나 로페즈
  10. 힘 - 스테파니 몬토야
  11. 침묵 - 타미라 헨리츠
  12. 교도소의 벽 - 루돌포 세고비아 주니어
  13. 변화 - 앤소니 카
  14. 굳건하게 서라 - 모니카 발데즈
  15. 핑크색 묘비 - 리사 페레즈
  16. 하나님의 위대하심 - 쉘라 월쉬
  17. 너는 도대체 누구냐? - 스테파니 맥코이
  18. 주님을 만남 - 캐롤린 이버라
  19. 치유 - 조 앤 마이어볼드

20. 하나님의 임재 - 로즈널 헤이즐우드
21. 자유 - 에반젤리나 폰스
22. 가슴 아픔 - 태미 라인하트
23. 나는 네가 자랑스럽다 - 리사 데이비스

2장: 설교와 묵상 / 67

1. 용서의 거리 - 케이시 콜리어
2. 예수님 - 찰스 프레드릭
3. 메신저 - 리처드 슈미텔
4. 가장 큰 선물 "용서" - 리로이 헌팅턴
5. 하나님의 계획 - 후아니토 맥스 밀레인스

3장: 찬양의 시 / 86

1. 너를 위해 - 다니엘 밀러
2. 먼지를 털며 - 마이클 곤잘레스
3. 자유 - 알폰소 마르케즈
4. 기회 - 다니엘 니브위비스
5. 사랑 - 그레고리 앤더슨
6. 당신의 손 - 조슈아 리브스
7. 기도의 응답 - 샬리아 디어본
8. 사랑의 훈육 - 크리스탈 모건

4장: 기도 / 96

1. 감사 - 스테파니 와이트헤드
2. 용서하세요 - 제시 시푸엔테스
3. 희생자를 위해 - 마이클 허들스톤
4. 치유를 위해 - 로버트 고메즈

5장: 편지 / 101

   1. 감사 - 케이시 콜리어
   2. 변화 - 팔머 파체코

6장: 기도 프로젝트, 용서하기 원하는 사람들을 위하여
   - 이영희 / 105

7장: 용서의 묵상 - 이영희 / 124

부록

   예수님께로 초대 / 132
   변화 프로젝트 교도소 문서 선교 / 134
   교정선교 변화 프로젝트 / 135
   재향 군인회 재단 / 136
   사마리아 교정선교회 / 137
   저자 소개
   그린이 소개
   역자 소개

서문

많은 사람들이 용서를 하지 못해서 고통속에서 살고 있다. 그래서 이 책은 재소자들뿐만이 아니라 모든 사람들에게 꼭 필요한 책이다. 이 책은 영어로 『Maximum Saints Forgive』로 처음 출판이 되었는데 아담스 카운티 교도소의 변화된 재소자들이 쓴 용서와 변화의 간증을 엮어서 낸 것이다. 나는 그들의 간증을 읽으면서 얼마나 많은 사람들이 열악한 환경에서 깊은 상처를 받았으나 하나님의 은혜로 용서를 배운 것에 대해서 큰 감명을 받았다.

교도소에서 예배를 인도하면서 하나님의 사랑과 성령님의 도우심으로 상처 입은 이들이 치유 받는 것을 목격했지만, 이 책의 간증은 다시금 놀라우신 하나님의 사랑과 은혜를 알게 해 주었다.

여기에 간증을 쓴 사람들은 내가 사역하면서 만난 사람들이다. 그들의 아픔과 눈물을 내가 보았고 상상할 수 없는 많은 상처를 치유받은 간증이기에 성령님께서 이 책을 통해서 많은 사람들을 도울 수 있을 것이라 확신한다.

이 책을 준비하는 동안 『Maximum Saints』 책들이 어떻게 출판이 시작되었는지에 대해 이야기를 나눌 시점이 되었다고 느꼈다. 이 프로젝트는 많은 이들의 영혼 구원과 영적 성장에 도움을 주었고 많은 이들의 후원으로 가능했기 때문이다.

나는 2003년부터 아담스 카운티 교도소에서 채플린으로 사역을 시작했다. 2004년, 세 명의 친구들을 만나 사역 중에서 가장 어려운 점을 그들과 나누었다. 많은 재소자들이 시간이 많이 있으므로 영적으로 성장할 수 있는 책을 요구했다. 그러나 일반서적은 사람들이 많이 교도소에 기증을 하지만, 기독교서적은 턱없이 부족했다. 그 첫날 우리의 미팅은 이문제를 어떻게 해결해야 하는가를 몰라서 자정까지 계속되었다.

나는 문서 선교를 아이립 신학 대학원에 다니는 동안 두 권의 책을 출간하여 교도소와 노숙자 쉼터에 무료로 배포하는 것으로 시작했다. 그러나 그 문서 선교를 어떻게 성장을 시켜야 재소자들을 더 도울 수 있는지를 몰랐었기에 우리는 6개월 동안 기도하면서 더 많은 미팅을 갖게 되었다. 끝내 우리는 문서 선교는 혼자의 힘으로는 할 수 없다는 결론이 내렸다. 그리하여 2005년, 수감자들을 도울 수 있는 책을 출판하기 위한 후원금을 모금하기 위해 변화 프로젝트 교도소 문서 선교 (Transformation Project Prison Ministry)라는 비영리 단체를 설립하게 되었다.

그때부터 나는 변화 프로젝트를 소개하기 위해서 교회와 단체들을 방문하기 시작했다. 나의 초기 목표는 이 프로젝트를 위해 한 달에 10달러를 기부하는 100명의 개인과 교회를 찾는 것이었다. 변화 프로젝트는 많은 교회와 단체, 그리고 개인들로부터 엄청난 후원을 받았다. 그 과정에서 나는 이 프로젝트의 성장을 돕는 헌신적이고, 큰 선교의 비전을 가진 많은 자원 봉사자들을 만났다.

2006년, 재소자들의 신앙 간증과 설교를 엮은 『최고의 성인들은 절대 숨지 않는다』(Maximum Saints Never Hide in the Dark)라는, 수감자들이 다른 수감자들을 위해 쓴 첫 번째 책을 출판하려고 준비를 시작했다. "최고의 성인들" (Maximum Saints)은 중범자 (Maximum inmates) 수감자를 이야기하는 것이 아니다. 수감자들이 자신들의 간증의 삶을 하나님의 복음을 전하기 위해서 다른 사람들을 돕는 일에 최대한으로 사용하기 때문에 그들을 "최고의 성인들"이라고 부른다.

이 책을 위해서 1,500권을 출판할 수 있는 선교자금을 마련하였다. 아담스 카운티 교도소에는 남자가 1,100명, 여자가 200명이라 1,500권이면 충분하다고 생각하였다. 그때 하나님께서는 나의 비전이 너무 작다고 말씀하셨다. 사실 이 책이 다른 교도소에도 배포된다면, 많은 사람들의 삶이 변화 될 것이라는 것을 나 자신도 잘 알고 있었다. 이 책의 신앙간증은 성령의 은혜로 영적 부흥이 재소자들 가운데서 일어나고 있다는 것을 증명해 주었기 때문이다. 미국에서 가장 큰 영적 부흥이 교도소안에서 일어나고 있다는 것을 많은 사람들이 모르고 있었다. 그래서 10,000권의 책을 주문했고, 하나님께서는 모든 후원금을 채워주셨다.

『Maximum Saints』책에 대한 반응은 놀라웠다. 아담스 카운티 교도소의 수감자, 직원, 교도관들로부터 폭발적인 반응이 있었고 다른 교도소의 재소자들과 목사님들로부터 많은 격려의 편지를 받았다. 많은 재소자들이 이 책을 읽고 주님을 만나 구원을 얻고 영적으로 성장하고 있다는 편지가 여러 주에서 들어오기 시작했다. 교도소에서 일하는 직원이 나를 찾아와서 이 책을 읽고 주님을 영접하는 놀라운 일도 있었다.

나의 원래 계획은 재소자들이 쓴 한 권의 책을 출판하는 것이었다. 그러나 이 책이 얼마나 많은 사람들에게 긍정적인 영향을 미쳤는지를 보고 난 후, 변화 프로젝트는 더 많은 『최고의 성인들』책을 출판하고 DVD를 제작하여 미 전역의 교도소와 노숙자 쉼터에 무료로 배포하기 시작했다.

2010년까지 변화 프로젝트는 여덟 권의 영어책과 두 권의 스페인어 번역본 그리고 네 개의 DVD를 제작하였다. 세 번째 DVD인 "최고의 성인들 – 빛으로 걸어가라"는 술과 마약, 그리고 폭력의 위험성에 대해서 청소년들에게 경고하고 그들이 수감되는 것을 피하도록 돕기 위해서 제작되었다.

하나님께서는 계속해서 변화 프로젝트의 선교지를 넓혀 가셨다. 조지아 교회 시설의 스탠리 해럴 목사님께서는 나에게 얼마나 많은 재소자들이 『최고의 성인들』책으로 인해 감동을 받았는지를 말씀하셨다. 그러면서 조지아에는 50,000명의 재소자들이 있으니 책을 박스로 보내지 말고 트럭으로 보내라고 했다. 처음 그 목사님의 말을 들었을 때는 불가능한 것이라는 생각이 들었는데 놀랍게도 하나님은 모든 것을 가능하게 만드셨다.

그 해부터 변화 프로젝트에서는 조지아의 재소자들을 위해서 몇 트럭 분량의 책을 보내게 되었다. 첫 해에 이미 7,000권이 넘는 책을 보냈고, 계속해서 책을 발행할 때마다 몇 트럭분의 책을 보냈다. 변화 프로젝트에서 조지아에 가장 많은 책을 보내게 된 이유는 해럴 목사님의 비전이 컸기 때문이었다. 또한 다른 시설의 목사님들도 그들 역시 책이 더 많이 필요하다고 말씀하셨다. 이 책의 증가하는 수요에 발 맞추기 위해서 변화 프로젝트는 2010년에 "백만 권 드림 프로젝트"를 시작했다. 목표는 각 책마다 백만 권을 인쇄할 수 있는 자금을 모으는 것이었다. 왜냐하면 미국에는 230만 명의 수감자들이 있고, 어느 나라 보다 더 많은 수감자들이 있기 때문이다. 이 프로젝트가 많은 수감자들과 노숙자들의 영혼 구원과 영적 성장을 도울뿐 아니라 주님께 영광을 돌리는 삶을 살아가도록 도울 수 있도록 많은 기도를 부탁한다.

하나님께서 이 프로젝트를 어떻게 성장을 시키셨는지에 대한 많은 놀라운 기적 같은 이야기들이 있는데 그 중 하나의 이야기를 나누고자 한다. 『Maximum Saints Forgive』영어책의 마지막 편집 과정을 진행 중이던 2010년 8월 29일에 하나님께서는 콜로라도 주에 있는 새문교회 (New Gate Church)를 방문하라고 말씀하셨다. 새문교회는 매달 변화 프로젝트에 후원금을 보내 오는 한인교회이다. 그 당시에 변화 프로젝트는 이 책을 위해서 10,000권의 출판을 위한 선교자금을 모집하고 있었다. 그날 아침 새문교회로 운전하고 가는 동안 하나님께서는 10,000권이 아닌 20,000권의 책을 주문 하라고 말씀하셨다. 10,000권의 책을 출판하려면 5,000달러가 필요했지만, 20,000권을 출판하려면 8,000달러가 필요했다. 새문교회의 권인숙 목사님과 그 이야기를 나누는 동안 목사님께서는 예배 중에 광고를 하라는 제안을 하셨다. 다음 날 새문교회 한 성도가 교도소를 방문해서 3,160달러의 수표를 전달해 주었다. 그들의 후원으로 변화 프로젝트는 계획한 것보다 10,000권의 책을 더 주문할 수 있게 되었다. 이 프로젝트를 위해서 성도 한분이 3,000달러를 기부했다는 것을 듣게 되었다. 주님을 찬양한다. 그것은 하나님께서 주신 기적이었다. 나는 수감자들과 노숙자들에 대한 그들의 관심에 큰 감명을 받았다.

하나님은 이 변화 프로젝트가 계속 성장하도록 인도하셨다. 2013년도에 하나님께서 나에게 한국에서도 한 재소자의 영혼을 구원하기 위해서 변화 프로젝트를 시작 하겠느냐는 도전을 하셨다. 하나님께서는 한 영혼을 천하보다 중하게 여기시는 것을 믿고 있었기에 미국에서 무기수로 22년을 살고 한국에서 신학 공부하신 이본 목사님을 통해서 2013년에 변화 프로젝트가 한국에서도 시작되었고, 2014년에는 인도에서도 시작되었다.

모든 것이 다 하나님의 은혜이다. 하나님의 놀라우신 인도가 아니었다면 변화 프로젝트가 이렇게 성장할 수 없었다는 것을 잘 알고 있다. 하나님은 변화 프로젝트를 통해서 생각했던 것보다 더 많은 사람들을 축복하셨다. 모든 것을 주님께 감사드린다.

이 책을 읽는 사람들이 하나님의 도우심으로 용서를 배우고 마음에 치유함을 받고 평안을 찾기를 기원한다. 모든 영광과 찬양을 우리 주 예수 그리스도께 드린다.

이영희

1장
용서의 기쁨

1. 나의 노래 - 레이먼드 제임스 주니어

나는 중산층 가정에서 어머니와 아버지의 사랑을 받으면서 성장했다. 나는 다섯 형제 중 막내였고 유일한 아들이었다. 우리 집은 부유하지는 않았지만 안락한 삶을 살았다. 하지만 나의 가정에는 숨겨진 아픔과 상처가 있었다. 나의 할아버지는 이탈리아의 작은 마을 출신이었는데, 성격이 좋지 않은 분이라고 들었다. 할아버지는 만사가 자신의 뜻대로 안되면 상대방에게 심하게 화를 냈다. 그런 행동은 나의 삼촌과 아버지가 그대로 빼 닮았다.

나의 아버지는 좋은 일을 많이하는 사람으로 이웃들에게 존경을 받았지만, 그에게는 어머니와 우리들만이 아는 어두운 면이 있었다. 아버지는 어머니를 구타하기 시작했고, 말리려는 우리들까지도 때렸다. 세월이 흘러 세 명의 누나들은 결혼을 해서 집을 떠났다. 시간이 흐를수록 어머니와 넷째 누나, 그리고 나에 대한 아버지의 폭력은 점점 심해졌다. 6살의 나는 증오의 굴레에 빠지기 시작했고 아빠에 대한 사랑과 존경심을 잃었다.

아버지는 우리의 아픔은 전혀 생각하지 않고 이유없이 때렸으므로 그것은 나의 마음에 미움과 분노의 씨를 심게 되었다. 아버지는 사생활에 대해서 어느 누구에게도 이야기하는 것을 싫어했다. 우리는 매일 맞았어도 아무 일도 없는 것처럼 학교에 다녀야만 했다. 어떤 날은 나는 아버지에게 하루 종일 맞아서 등에 멍이 들고 상처가 생겼다.

나는 울면서 학교에 갔지만 학교 앞에 다다르기 전에 눈물을 닦았다. 누구도 나의 우는 모습을 보지 못했고 아무에게도 집안에서 일어난 일을 말할 수가 없었다. 학교에서는 어머니와 누나가 걱정이 되어 공부를 할 수 없었다. 물론 아버지는 아침 8시에서 저녁 5시까지 매일 일을 했으므로 그 시간 동안은 우리가 안전하다는 사실을 알고 있었지만 그래도 나는 항상 두려움 속에서 살았고 방과 후 집으로 가면 저녁 5시까지 밖에서 놀았다. 아버지가 집으로 돌아 오면 지옥의 삶이 시작되었다. 아버지는 어머니와 싸울 구실을 찾아서 때리기 시작했는데 그런 행동을 함으로써 남자다움을 느끼는 것이라 짐작했다.

7살에 나는 아버지가 어머니, 누나, 나를 때리면, 나도 그를 때리겠다고 마음을 먹었다. 아버지가 우리를 때릴 때 나도 같이 때렸지만 도저히 당해낼 수 없었다. 내가 성장할 수록 학대는 더 악화 되었고 나의 증오와 분노도 같이 커졌다. 우리가 "아빠"라고 부르던 사람을 어머니와 누나를 보호하기 위해서 그 남자를 죽여야 한다고 생각하기까지 이르렀다. 어떤 아버지가 자신의 가족들을 그런 식으로 대우하는가? 나는 아버지를 도저히 사랑하고 존경할 수가 없었다.

내가 7살 반이 되었을 때, 독립기념일 바비큐파티를 하게 되었다. 우리는 즐거운 시간을 보내던 중 갑자기 아버지가 어머니를 쳐서 앞니를 부러뜨렸다. 나는 아버지의 등에 올라타서 피를 볼 때까지 주먹으로 세게 때렸고, 아버지의 코뼈를 부러뜨렸고 아버지는 나를 사정없이 두들겨 팼다.

그 해, 생일과 크리스마스 선물로 나는 8살짜리 그 어떤 아이도 가질 수 없는 비싼 선물을 받았다. 내 친구들 중 12인치의 컬러 TV를 자신의 방에 가진 아이는 아무도 없었다. 그러나 구타는 멈추지 않고 계속되었다. 나는 유년기 동안 아무런 이유없이 구타를 당했다. 나는 여전히 학교에 울면서 다녔고, 체육복을 갈아 입거나 옷을 벗고 샤워를 할 수가 없어서 체육 시간에 참여하지 못했다. 나는 누군가가 내몸의 멍든 흔적들을 보고 선생님께 그 사실을 말하는 것이 더 두려웠다. 또한 사실이 알려지면 아버지는 우리를 더 위험하게 할 것이 분명했기 때문이다.

어느 날, 어머니가 잠들었을 때, 아버지는 침실로 들어가 어머니의 목을 졸랐다. 어머니를 죽이기 전에 때마침 나와 누나가 안방 침실에 들어간 것이 다행이었다. 나는 아버지가 어머니의 목을 조르던 것과 어머니의 얼굴이 창백해 졌던 장면을 기억한다. 나는 부엌으로 가서 눈에 띄는 첫 번째 물건을 잡고는 침실로 뛰어 올라가 그를 쳤다. 그 날, 나는 아버지의 갈비뼈 네 개를 부러뜨렸다. 경찰이 왔고, 그들은 아버지를 덴버 헬스 병원 응급실로 보냈다. 누나의 이야기를 듣고서야 나는 내가 아버지를 망치로 때렸다는 사실을 알게 되었다. 나는 그 날 증오와 분노에 사로 잡혀서 아버지를 죽일뻔했다. 그것보다 더 아픈 시간들도 있었다.

어느 날, 어머니와 나는 아버지의 폭행을 피하려 이웃 집으로 도망쳤고 그는 우리를 뒤쫓았다. 이웃은 911에 전화를 했고 어머니는 그를 떠날 결심을 했다. 학대가 멈추는 날이었다. 나의 아버지는 10년 전인 1996년에 죽었다. 다른 사람들은 내가 아버지를 용서해야 한다고 생각할 지 모른다. 하지만 나는 용서할 수 없었다. 어머니가 2000년에 돌아 가신 후, 나는 용서를 하기 위해서 아버지의 무덤에 찾아갔다. 하지만 나는 용서할 수가 없었다. 시간이 지난 후에도 아버지에 대한 증오와 분노, 그리고 비탄감은 여전히 그대로 있었다.

"오, 하나님, 나는 지금 37살이고, 아버지를 여전히 용서하지 못하고 있습니다." 내가 용서했다고 말은 했지만 사실 용서한 것이 아니었다.

항상 내 기도는 "사랑이 많으신 주님, 전능하신 하나님, 아버지의 이름으로 저는 당신께 제가 이 증오와 분노를 저의 아버지에게 여전히 가지고 있음을 용서해 주시기를 간구합니다.

제가 전심으로 용서를 할 수 있도록 도와 주세요. 나를 사랑하시는 주님! 제발 저를 도와 주세요. 저는 학대로 인해 유년기를 망쳤고, 아버지와 온전한 관계를 가지지 못했습니다. 아버지를 용서해 주세요. 하나님 아버지, 저에게 용서할 수 있는 마음을 주세요. 아멘."

사랑하는 아버지께,

저는 저 자신과 제가 아는 사람들과의 관련된 폭력에 대한 이야기를 써 달라는 요청을 받았어요. 아버지가 아시는 대로 저는 우리에 대한 이야기를 쓰고 있어요. 처음에 그것은 좋은 생각처럼 보였어요. 그래서 저는 종이를 준비해서 기억을 더듬어 글을 쓰기 시작했어요.

저는 아버지로 인한 어머니와 누나, 그리고 제가 겪은 그 상처와 아픔의 감정들을 다시 느끼고 싶지 않았어요. 그래요. 우리는 상처에 대한 보복으로 아버지께 상처를 준 것에 책임이 있지요. 아버지에 대한 증오와 분노는 우리의 생활을 온통 지옥으로 만들었으니까요. 아버지가 때리니까 우리도 때렸죠. 아버지가 우리를 증오하니 우리도 증오했죠. 아버지가 하시던 말들이 저의 조그마한 영혼을 갈기갈기 찢어 놓았어요. 저는 아버지의 유일한 아들인데 왜 저를 사랑하지 않으셨는가 생각했어요. 가끔은 저를 사랑한다는 것을 보여 주시려고 했던 때도 있었다는 것도 알아요.

하지만 말과 행동이 달랐던 아버지가 사랑을 표현했을 때는 이미 늦었지요. 제가 아버지와 좋은 추억들을 가지고 있다는 사실을 주님께서는 알고 계세요. 하지만 나쁜 사건들과 아픈 기억들이 더 크게 다가왔어요. 나중에 저는 성령님을 통해서 아버지가 저를 사랑하셨음을 알게 되었지요.

저는 우리가 아버지와 아들로 좋은 관계를 가질 수도 있었다고 생각해요. 만약 기회가 주어졌었다면, 저는 아버지에게 자랑스러운 아들이 될 수도 있었을 거예요. 아버지와 아들로서 함께할 수 있는 많은 것들이 있었죠. 하지만 아버지의 학대는 너무나도 큰 상처를 남겼어요.

아버지, 저는 아버지를 사랑합니다. 저는 여전히 아버지가 필요합니다. 그러나 남자대 남자로써 아버지가 어머니와 누나, 그리고 저에게 한 일이 매우 나쁜 짓임을 아버지에게 말할 필요가 있어요. 아버지, 그건 비겁한 짓이었어요. 저는 자라는 동안 아버지의 그런 행동들을 증오했어요.

어머니와 누나는 그래도 여전히 아버지를 사랑했었지요. 하지만 저는 그럴 수 없었어요. 제가 나이가 들어 아버지와 함께 살던 때를 기억합니다. 우리는 가끔 재미있게 지낸적도 있었지만, 제가 말씀 드린 대로 이미 때는 늦었던 거죠. 아버지, 저는 할아버지께서 아버지를 어떻게 대했는지를 알고 있어요. 하지만 어머니와 누나, 그리고 저는 그런 식으로 아버지에게 학대를 받을만한 어떤 행동도 하지 않았어요.

할아버지가 할머니와 아버지를 때린 것은 유감이에요. 지금 저는 하나님의 도우심으로 아버지가 저와 같은 어린나이에 보호를 받지 못하고, 공포에 떨며 유년기를 보내셨음을 알게 되었어요. 할머니가 구타를 당하시는 것을 보는 아버지도 또한 힘들었을 것임을 알 것 같아요. 어머니가 구타를 당하는 것을 보는 것은 저에게 힘든 일이었죠. 저는 이제 37살이고, 어머니가 피를 흘리는 모습, 아버지가 어머니를 목 조르던 모습, 누나가 임신했을 때 빗 자루로 맞던 모습, 그리고 누나가 늦게 들어 왔다고 머리채를 잡고 여기저기 끌려 다니던 모습이 아직도 눈에 선해요.

모든 이들이 "야, 잊어버려. 그건 30년 전 이야기야. 용서해"라고 말하죠. 그래요. 오래 전 일이죠. 그들이 옳아요. 저도 잊어버리려 했어요. 하지만 아버지는 우리들의 악몽이었다는 것을 잊을 수가 없었어요. 슬픈 사실은 우리 집에서 괴물을 쫓아내고 나를 도와 주어야 할 그 사람이 바로 내가 가장 두려워한 아버지라는 괴물이었다는 점이죠.

나의 이야기는 학대를 당하는 여성과 아이들 뿐만 아니라 자신들의 가정에서 괴물인 남자들도 읽게 될거예요. 누군가를 판단하거나, 제가 누구보다 낫다고 주장하기 위해서가 아닙니다. 지금이나 과거에 저와 같은 학대로 살아온 어린아이들을 돕기 원할 뿐이죠.

아버지는 저에게 열심히 일하는 법과 낚시하는 법을 가르쳐 주셨죠. 사실 비가 온 후에 지렁이를 잡기 위해 밖으로 나가는 일은 싫어했어요. 지금도 저는 열심히 일을 하고 있고 낚시를 하고 있어요.

이 글을 써서 우리의 삶에 대한 이야기를 나눔으로써 저는 이 증오와 분노를 끝 맺으려 해요. 저는 앞으로 오실 예수님을 통해서 폭력을 멈췄어요. 하늘에 계신 아버지와 예수님의 도우심으로 아버지를 용서합니다. 아버지가 어머니와 누나, 그리고 저에게 잘못한 모든 것을 용서합니다. 모든 상처와 학대는 예수님의 피로써 씻기었습니다.

어머니와 누나도 아버지를 용서했다는 것을 제가 알고 있어요. 아버지도 모든 사람을 용서하시기를 바랍니다. 아버지를 사랑해요. 아버지 하나님 안에서 평안히 쉬세요. 아버지가 그리워요.

사랑하는 아들이,

레이먼드 제임스 주니어

2. 평안 – 캐런 크리거

나는 기독교 가정에서 폭력이나 학대, 술과 마약 등을 하지 않는 부모님 밑에서 아주 좋은 유년기를 보냈다. 하지만 나는 매우 자유 분방한 사고방식을 가지고 자랐다. 나는 위로 오빠들과 아래로 여동생들이 있었고 주일학교와 여름성경학교에 다녔다. "예수님은 우리를 사랑하신다"라는 노래를 부르며 "예수님은 선하신 분"이라는 것을 배우면서 자랐다.

나는 15살 때 임신을 했는데 부모님이 엄하신 분들이어서 두려워서 말을 못하고 마음의 고통은 그때부터 시작되었다. 그리고 6개월 동안 임신 사실을 숨겼다. 부모님이 마침내 나의 배가 불러오는 것을 눈치 채셨고 아빠는 내가 무슨 병에 걸린 것이라 생각했다. 그래서 어느 날 밤 11시에 부모님은 나를 병원으로 데려갔고, 내가 임신한 것을 알게 되었다. 나에게 선택권이 주어졌다. 아기와 함께 나가 살거나 아기를 입양 보내고 집으로 돌아오는 것이었다. 나는 너무나 당황했다. 부모님이 엄하셨지만 나에게 그런 선택을 하도록 하리라고는 상상도 못했었다. 나는 아기를 원했고 부모님의 사랑 또한 원했다.

1983년 3월 23일 새벽 2시 54분에 딸을 낳았다. 나는 딸을 키우기로 결심했고 삼일 동안 그녀를 끌어 안고 울었다. 둘째 날, 나의 부모님이 고용한 변호사가 와서 말했다. "당신은 갈 곳이 없기 때문에 아이와 함께 이 병원을 나갈 수 없어요"라고 말했다. 나는 부모님이 나의 딸을 한 번이라도 본다면, 아기를 포기하라고 하지 않을 것이라 생각했다. 그러나 부모님은 병원에 오지 않으셨다.

그래서 나는 딸을 부둥켜 안고 눈물을 흘리면서 나를 용서해 달라고 말하고 변호사에게 전화를 했더니, 그녀는 나의 부모로서의 모든 권리를 포기하는 서류를 가져다 주었다. 이미 나의 딸을 입양하려는 한 부부가 준비 중이었다. 눈물이 앞을 가리어서 내가 어떤 서류에 사인을 하고 있는지 조차 알지 못했다. 변호사는 "당신은 아기를 위해서 가장 좋은 선택을 한 거예요"라고 말했다. 나의 마음은 갈기갈기 찢어졌다. 집으로 돌아간 후 분노와 미움의 감정이 한꺼번에 복받쳐 도저히 부모님을 쳐다볼 수도 없었다. 이 주일 후 나는 가출을 했다. 그 때 나는 16살이었다.

그 후 25년 동안 나는 술과 마약 등 아픔을 잊을 수 있는 모든 것을 다했다. 그런 것들로 인해서 나는 교도소에 갔고 자존감을 잃은 채로 오직 증오와 분노에 순전히 악만 가지고 살았다. 어느 날 밤에 나는 밖에서 하나님께 소리를 질렀다. "하나님, 당신이 살아계신다면 죽기 전에 한 번만 딸을 볼 수 있게 해 주세요." 아무런 대답이 없었다. 그래서 집안으로 들어가 손목을 그어서 자살까지 하려 했으나 모진 목숨을 생으로 끊지 못했다.

그후, 한 여성이 나에게 교회에 같이 가자고 했다. 그녀는 하나님께서 심장병을 고쳐주셨기 때문에 믿음이 생겼다고 말했던 것 같다.

나는 그녀를 무시하는 눈초리로 말을 던졌다. "어디 하나님이 있어요? 어떻게 사랑한다는 하나님께서 우리의 고통을 보고만 계실 수 있어요? 어떻게 누가 누굴 보호 한단 말이에요? 나에게 딸을 주고 뺏어가는게 하나님이예요? 하나님은 없어요."

사탄은 25년 동안 나를 붙잡고 매일 속삭였다. "하나님이 너에게 고통을 주었어. 너에게 다신 아기를 주지 않을거야. 하나님은 너에게 전혀 관심이 없어. 하지만 나는 너의 아픔을 없애 줄거야." 그리고 사탄은 술과 마약을 통해서 아픔을 잊어 버리게 했다.

오랜 세월이 지난 후, 내 딸이 나를 찾았다. 딸은 20살이었고, 나에게는 6개월 된 손자가 생겼다. 나는 그녀를 보러 갔고, '내가 마침내 행복해질 수 있구나'라고 생각했다. 내가 진정으로 원하던 것은 딸과의 관계를 회복하는 것이었고, 마침내 그것이 이루어졌다고 생각했다. 나는 딸을 사랑할 수 있고 그것이 나의 모든 문제들을 해결할 것이라 생각했다. 그러나 딸을 사랑할 수가 없었다. 딸을 사랑하길 원했지만 어떻게 사랑할 수 있는지를 알지못했다.

25년 동안의 아픔과 증오가 내 영혼을 좀먹었다. 사탄은 나를 옭아 매어서 나 자신을 증오하도록 했다. 그래서 나는 딸에게 사랑을 보여줄 수가 없었다. 그러나 나는 사랑하는 척 했다. 내 딸이 나를 찾은 것이 2004년 이었고, 그 후로 나는 세 명의 손자를 보게 되었다.

딸을 만나는 동안 내가 중독자라는 사실을 알리지 않았지만 매일 마약을 했다. 끝내 나는 딸에게 편지를 써서 "나는 마약 중독자야. 그래서 나는 약속을 하고도 나타나지 않았던 거야"라고 설명했다.

나를 파괴의 삶으로 몰고간 중독은 나 보다 훨씬 강했다. 중독의 삶은 너무나 나를 지배하고 있어서 나의 삶이나 딸에 대한 관심도 없어졌다. 아담스 카운티 교도소에 왔을 때 나는 몸이 아프기 시작했고 지칠대로 지쳐 있었다. 중독으로 인한 격리가 필요해서 의무실에서 고통스러운 9일을 보냈다. 내가 이곳에 온 후로 딸에게 편지를 썼는데 답장이 오지 않았다. 나는 딸에게 상처를 주었지만, 언젠가 딸이 나를 용서해주기를 위해서 기도하고 있다. "딸을 한 번만이라도 볼 수 있게 해 주세요"하며 하나님께 소리지르며 간청했던 날을 기억한다.

내가 지금 살아있는 것은 모두 하나님의 은혜였다. 하나님을 보거나 하나님의 음성을 듣지는 않았지만, 나는 하나님이 나와 함께 하신다는 것을 이제는 알고 그분의 임재하심을 느낀다. 사실 하나님은 그 이상으로 나를 축복해 주셨다. 비록 내가 내일 죽는다 할지라도 나는 그것에 감사를 드린다.

하나님을 만난 후 나는 전에 없던 평안을 느끼게 되었다. 내가 마음의 평안을 가질 수 있을 것이라고는 결코 꿈꿔 본 적이 없다. 수 많은 세월 동안 사탄의 종이었던 내가 하나님과의 관계를 가질 수 있을 것이라 생각해 본 적도 없었다. 하지만 그런 일이 일어났다.

이사야서 1장 18절은 "여호와께서 말씀하시되 오라 우리가 서로 변론하자 너희의 죄가 주홍 같을지라도 눈과 같이 희어질 것이요 진홍 같이 붉을지라도 양털 같이 희게되리라"라고 말씀하신다.

하나님께서 나를 용서하신 것처럼 그 누구라도 하나님께 구하면 용서해 주시고, 구원하여 주시며, 마음에 평안을 주실 것이다.

3. 용서하는 방법 - 빌리 택닐 시니어

나는 아칸소의 블라이드빌이라는 조그만 도시에서 열 명의 가족(7명의 딸, 3명의 아들, 그리고 어머니 - 하나님 그녀의 영혼을 축복해 주세요)과 함께 자랐다. 나의 기억속에는 아버지가 없었다. 그저 어머니와 여자 형제들과 두 명의 남자 형제와 함께 지냈을 뿐이었는데 남자 형제들과의 사이가 좋지 않았다. 8살이 되었을 때, 나는 로빈슨 초등학교의 3학년 학생이었다. 나는 ABC도 몰랐으므로 글을 읽을 수 없었다.

어느 날, 내가 일어나 책을 읽는 순서가 되었지만 읽을 수가 없었다. 선생님이 화가나서 나를 교실 문 밖에 서 있도록 하고는 자로 손바닥을 때림으로써 나를 놀림감으로 만들었다. 화장실도 못 가게 해서 나는 참지 못하고 오줌을 쌌다. 내 학급 친구들이 나를 놀렸고 한 아이는 이유없이 나를 때렸고 복도에서 울었던 것이 기억난다.

'왜 사람들이 나를 그런 식으로 대하는 것일까?' 이해할 수 없었다. 어느 날 내가 집 뒷문에 앉아서 울고 있을 때 누나가 무슨 일이냐고 물었다. 나는 큰형과 그의 친구들이 항상 나를 때려서 형을 미워하고 증오한다고 말했다.

"형을 용서해라."

당시에 누나가 하는 말을 이해할 수 없었다. 그렇지만 나에게 글을 읽을 수 있도록 도와줄 수 있는지를 물었다.

"내가 글을 읽는 것을 도와줄게. 하지만 네가 먼저 알아야 하는 것은 예수님을 사랑하기 위해서는 네 형을 용서하고 사랑해야 한단다. 예수님이 네 마음에 임하셔서 너의 구원자가 되시기를 간구하고 매일 그 분께 기도를 드리는 삶을 살아야 한단다. 내가 너에게 기도하는 방법을 가르쳐 줄게. 그리고 나와 함께 교회에 가자."

나는 그렇게 하겠다고 대답했다.

누나는 "예수님께서는 너에게 용서를 가르쳐 주실 수 있는 유일한 분이셔"라고 말했다. 그래서 나는 나의 모든 문제를 예수님께 드리고 용서한다고 기도드렸다. 놀랍게도 모든 증오심이 나의 마음에서 떠났다. 그 후로 나는 누구도 미워하지 않았다. 나의 구원자이신 예수님의 이름으로 누나를 통해서 용서하는 법을 알려 주신 하나님께 감사를 드린다.

"그 때에 베드로가 나아와 이르되 주여 형제가 내게 죄를 범하면 몇 번이나 용서하여 주리이까 일곱 번까지 하오리이까 예수께서 이르시되 네게 이르노니 일곱번 뿐 아니라 일곱 번을 일흔 번까지라도 할지니라" (마태복음 18:21~22).

4. 나의 마음을 여셨다 - 채스티티 수아조

나는 일생을 마약중독과 싸워왔다. 그 이유로 14살 이후로 소년원, 치료 시설, 보육원, 사회 복귀 훈련 시설과 같은 곳에 들어갔고 결국 교도소에 수감 되었다. 24살에 이곳 교도소에 선서 석방 위반으로 수감되었다. 예수님께서는 언제나 내 곁에 계셨다. 나를 사랑하시고, 항상 멀리 벗어나도록 두지 않으셨다. 나는 하나님께 그것에 대해서 감사드린다.

이 교도소에 있는 동안 전에는 결코 느끼거나 보거나 듣지 못했던 성령님의 임재하심을 보고, 듣고, 느꼈다. 이 글을 쓰면서 나의 눈에선 눈물이 흐른다. 왜냐하면 나의 오빠 크리스는 23살에 두 발의 총을 맞고 살해 당했고, 그의 죽음으로 내 안에서 자란 증오와 분노가 하루 아침에 사라질 거라고 생각해 본적이 없었기 때문이다.

오빠는 내가 어려움을 당할 때에 나를 항상 도왔고 나를 끔찍히 사랑했다. 내가 18살, 오빠는 20살 때 우리는 아버지를 잃었다. 아버지는 오빠와 가까운 사이였다. 아버지가 돌아가셨을 때 오빠와 나는 마약을 하기 시작했다. 사탄이 우리의 인생을 조정하도록 기회를 준 것이었다.

오빠가 총에 맞은지 얼마 지나지 않아서 앰뷸런스에서 숨졌다고 한다. 어머니가 사회 복귀 훈련 시설에 있던 나를 찾아와 오빠가 죽었다는 소식을 전했을 때부터 나는 증오와 분노에 빠졌다. 두 달 후에 오빠를 죽인 자와 마주하게 되었다. 나는 입에 담을수 없는 모든 저속한 말로 욕하면서 그의 얼굴에 침을 뱉으며 그를 때렸다. 나의 가족들은 어떻게 나를 도와주어야 하는지를 몰랐다.

놀라운 일은 하나님께서 모든 것을 아시고 나의 치유를 준비하고 계셨다는 것이다. 2006년 12월 17일, 나는 하늘에 계신 아버지와 그의 아들이신 예수님의 이름 그리고 성령의 이름으로 세례를 받았다. "예수님, 감사합니다." 그 일요일에 생각지도 못한 더 놀라운 일이 일어났다. 예배에 참석했는데 기도시간 중에 목사님께서는 성령의 음성을 들어 보라고 하셨다. '들어라.' 나는 성령님께 무엇을 기도해야 할 지를 여쭈었다. 몇 분이 지난 후 무엇인가가 나에게 떠올랐다.

성령님께서는 나에게 오빠를 죽인 남자를 용서하라고 말씀하셨다. 나는 당황했고, 이어서 눈물이 흐르기 시작했다. 나는 성령님의 인도하심으로 무릎을 꿇고서 그와 그의 가족을 위한 기도를 하기 시작했다. 내가 그를 용서하고 사랑한다고 하고 하나님의 뜻이라면, 그 남자를 마주볼 수 있는 기회를 달라고 간구했다. 내가 그를 용서한 것과 하나님 안에서 그를 사랑한다는 것과 그 자신도 하나님을 만나 자신을 용서하라고 말해주고 싶다고 기도했다. 이제 나는 그와 그의 가족에 대한 어떠한 분노와 미움의 감정을 가지고 있지 않다. 하나님께서 이미 그를 용서하셨기 때문이고 나 또한 진심으로 그를 용서했다.

하나님께서는 나의 마음을 활짝 여셨고 용서하게 도와 주셨다. 하나님은 항상 선하시다. 그 순간에 느낀 사랑의 감정은 오직 성령님으로부터 올 수 있는 것이었다.

"예수님, 감사합니다."

(이 간증은 『맥시멈 세인츠는 작은 계획을 세우지 않는다』 책에 수록되어 있다.)

5. 나의 잔이 넘칩니다 - 마이클 그레이엄

도미니카 공화국의 모카에서 나는 가난과 함께 이 세상에 발을 들여 놓았다. 가난으로 인해서 나의 어머니는 가족을 버렸고, 거리에서 생활하며 함께한 아버지도 최선을 다하셨지만 결국 우리를 버리고 떠나버렸다. 그래서 나는 더럽고 음식도 제대로 주지 못하는 지역 고아원으로 들어 가게 되었다.

얼마 지나지 않아서 나는 쌍둥이 남녀 아이들과 함께 입양이 되었다. 쌍둥이들은 나 보다 6살이 더 많았다. 나는 그 당시 서너 살쯤 되었다. 우리를 입양한 부부는 도미니카 공화국에 주둔한 미공군이었다.

얼마 후, 그들은 파나마의 파나마 시티로 전출되어서 우리는 그 곳에서 일 년 정도를 살았다. 미국에 도착 했을 때 우리를 사랑할 줄로 생각했던 양부모는 나와 다른 두 입양아들을 극도로 육체적, 감정적 학대를 하는 사람들이 되었다. 결국 사회 복지국이 개입을 하게 되고 그 후에도 우리는 잔인하고도 비인간적인 대우를 받았다.

우리 세 명의 아이들은 흩어져서 셀 수 없이 많은 보육 시설과 그룹 홈을 전전하게 되었다. 9살의 나이에 나는 다시 한 번 입양되었고, 그후에도 14살이 될 때까지 육체적, 감정적 학대의 굴레를 벗어나지 못했다. 나에게는 정당방위였지만 나는 양부모 중 한 명을 폭행한 혐의로 경찰에 붙잡혔다. 그리고 나는 길고 외로운 수감의 길을 걷기 시작했다.

그때부터 나의 인생은 악의 소용돌이에 휘말리기 시작했다. 나는 거리의 삶에 익숙해져 있었고 마약을 하며 폭력을 일삼았다. 나의 내부에 있던 분노와 아픔은 어느 정도인지를 묘사하기에 충분한 말이 없었다. 내가 알고 있었던 것은 오직 내가 상처를 받고 있으며, 누군가는 그것에 대한 대가를 치루어야 한다는 것이었다. 나는 인생에서 긍정적인 목표가 없었고 나를 격려하고 칭찬하는 사람이나 가족도 없었다. 그래서 삶이 무의미 하다고 느꼈고 내 멋대로 살았다.

나는 나처럼 상처를 입은 사람들이 있는 교도소 생활을 즐겼고 그들과 내가 겪은 일들에 대한 이야기를 나눌 수 있었다. 내가 14살 때, 소년원에서 몇 달을 보낸 후에 사회 복지국 직원들은 내가 갖은 학대를 받은 집으로 돌아가야 한다고 말했다. 나는 교도소에 머무는 것이 더 나은 삶이라고 말했고 그래서 남아있게 되었다. 나의 십대 시절의 대부분을 교도소에서 보냈고 그곳에서 나의 고등학교 시절 삼분의 이를 잃어 버렸다.

나이가 들어 갈수록 내 인생은 더욱 더 폭력으로 가득차게 되었다. 19살에는 총을 허리춤에 차고 마약을 거래했다. 수많은 총격 사건에 연루 되었지만, 한 번도 총에 맞은 적이 없었다. 2004년에는 두 번 칼에 찔려 거의 죽을 뻔 했지만 살았고, 총기와 마약 유포 혐의로 2005년 연방 요원의 현장 급습을 받았지만, 그 혐의는 밝혀지지 않았다. 그 해에 나는 무장강도 혐의로 체포되었다. 하지만 또 다시 나는 그 혐의를 벗었다. 나와 가까운 거리에 있던 남자가 나에게 총을 쏜 적이 있었는데 단 한 발의 총알도 내 근처에 오지 않았다. 그 이유를 알기 원하는가? 그건 나의 사랑하는 하나님 아버지께서 나를 감싸 안으시고 보호하셨기 때문이었다. 하나님께서는 내가 죄악의 길을 걷고 있을지라도 긍휼히 여기시고 나를 위해서 더 좋은 계획을 가지고 계셨다.

경찰들과의 추격전과 마약을 판 돈 등 여러가지 악행의 목록은 끝이 없다. 하지만 그 가운데도 선함의 이야기가 있다. 내가 살고 있던 그 비극적 인생의 한 가운데서도 나는 항상 하나님의 임재를 느꼈다. 나를 입양한 모든 가족은 교회에 다녔다. 그리고 내가 가는 곳마다 나를 올바른 길로 이끌려는 많은 그리스도의 메신저들을 만났고 그들의 중보기도가 있었기에 내가 이자리에 살아 남아 있다고 생각한다.

모든 마약과 폭력이 사라졌을 때 그곳에는 사랑하는 나의 하나님 아버지께서 나를 사랑의 눈으로 나를 바라보셨다. 마약을 판 돈을 모두 쓰고 내가 친구라 부르던 이들이 나를 버렸을 때, 그 곳에서도 사랑하는 나의 아버지께서 계셨다. 내가 한밤 중에 감방에 누워 있을 때 사랑하는 나의 아버지께서는 사랑의 두 팔을 넓게 펴시고 말씀하셨다. "내가 결코 너희를 버리지 아니하고 너희를 떠나지 아니하리라" (히브리서 13:5).

그런데도 나는 여전히 하나님께 마음을 완전히 드리지 않았고 다른 마약 사건으로 붙잡히게 되었다. 며칠 후에 보석으로 풀려 나서 그 사건을 내가 이길 수 있도록 다른 죄목으로 바꿀 수 있다고 생각한 변호사를 고용했다. 그것이 내 인생의 전환점이 될 것이라는 사실을 전혀 알지 못한 채로 말이다. 그 사건에 대한 증거가 충분하지 않은 이유로 나는 카운티 교도소에 90일 동안의 수감 제안을 받았다. 바로왕의 마음을 완악하게 하여 하나님의 권능과 영광을 나타내신 것처럼, 하나님께서는 그 판결에 대한 나의 마음을 완악하게 하셔서 내 인생에 대한 하나님의 목적을 이루실 수 있도록 하셨다.

나는 90일간의 수감 제안을 거부하고 풀려 나오기 위한 방법으로 재판을 받았지만 생각지 않게 10년 형을 받았다. 교도소에 있는 동안, 하나님께서는 나에게 찾아 오셔서 나를 만지시고, 변화시키시고, 내가 저주라고 생각했던 모든 상황들을 축복으로 바꾸셨다. 10년 형 중에서 단 일 년을 교도소에서 보내도록 하나님께서 인도하셨고 그 후로 계속 축복이 있었다.

나의 잔에 넘치는 하나님의 사랑은 계속 이어졌다. 하나님께서는 나를 믿음의 길로 인도하셔서 나의 모든 아픔, 상처와 고난과 나의 모든 것을 그분께 바쳐서 그분이 나를 용서하시고, 치유하시고, 해방시키시고, 나에게 자신의 구원을 보여주실 때까지 오직 인내하며 기다리시고 계셨던 것이다 (시편 91:14~16).

나는 매우 거친 삶을 살아왔다. 내가 살아온 것에 대한 후회가 소용없으며 또한 나의 과거를 바꿀 수 있는 것도 아니다. 그러나 하나님의 은혜로 인해서 나는 용서 받았고 또한 용서할 수 있는 사람이 되었다 (고린도전서 15:10). 나의 간증이 무너진 삶을 사는 이들에게 닿을 수 있기를 소망하면서 희망의 기도를 드린다 (이사야 55:11).

6. 천사 - 데니스 아렌스

나의 이야기는 2005년 2월에 자살이라는 위기 일발의 상황을 겪은 것에 대한 이야기이다. 헤이븐(마약 갱생 프로그램)을 마치고 난 후, 1년 6개월의 수감 생활에서 벗어나 깨끗하고 침착한 상태로 잘 지내고 있었다. 그러던 중, 한 남자를 만나기 시작했다. 우리는 라스베가스에서 많은 마약과 술을 하였으며 범죄를 저질렀다. 더 고통스러웠던 것은 체포 되기 일 주일 전에 강간과 구타를 당했다. 내 가족도 나를 포기하였다.

교도소의 이층 침대 꼭대기에 앉아서 그 날 밤 자살할 계획을 세우기 시작했다. 내가 11살 때 어머니가 자살 시도했던 것을 생각해 냈다. 나는 쓰레기 같은 존재이고 아무도 나를 다시 사랑하지 않을 것이라 생각했다.

그 때 아래 침대에 있던 여자가 함께 기도하자고 했다.

"기도하고 싶은 마음 전혀없어요. 하나님은 나 같은 사람의 기도를 듣지 않으실 거예요." 나는 퉁명스럽게 대답했다.

그러나 그녀는 계속 기도하자고 말했고 마침내 나는 그녀와 함께 울며 주님께 기도하기 시작했다. 그순간 내가 얼마나 나쁜 짓을 저질렀든 용서를 구하면 하나님께서 용서해주시고 사랑으로 받아 주심을 깨닫게 되었다. 하나님께서 내가 자살을 시도하려는 것을 천사와 같은 그녀를 통해서 막아 주시고 나를 구원해 주셨다.

7. 순종 – 새런 갤러고스

나는 교도소에 수감되기 8개월 전까지 극도의 알콜, 마약 중독에 빠졌었다. 용서하지 못함, 화, 분노, 혼란, 우울, 질투, 외로움, 그리고 결혼과 세 번의 이혼으로 인한 가슴의 상처들 때문에 사탄에게 흔들렸다. 나는 하나님을 믿었지만 나의 삶의 초점은 마약과 술, 그리고 남자로 마음의 공허함을 채우는 것이었다. 그러던 어느 날 아침, 나는 전 날보다 더 심한 공허함을 느꼈으며 마음의 고통으로 모든 문제들을 망각한 채로 그저 아픔을 잊기 위해 죽기만을 원했다. 나는 지옥이 지금의 삶보다 더 고통스럽다는 것을 믿고 있었기에 죽음을 선택하기보다는 하나님께 도와달라고 기도했다.

하나님께서는 나의 울부짖음을 들으시고 응답하셨다. 하나님은 은혜와 자비하심으로 내가 다섯번째의 음주 운전으로 체포되도록 하셨다. 나는 하나님께서 나를 새로운 피조물로 만드시는 변화의 과정을 시작하시도록, 나의 모든 죄를 회개하고 용서받고 용서해야 한다는 것을 알게 되었다. 마침내 나는 하나님께 순종하는 것을 선택했고 지옥에서 고통받는 것으로부터 구원을 얻었다.

교도소에서 하나님의 응답하심은 즉시 시작되었다. 나는 『최고의 성인들』이라는 책을 읽고 수감자들의 치유와 변화의 간증에서 감명과 도전을 받았다. 나도 정말 치유받고 싶었다. 나의 아픔은 사랑하는 이의 죽음과 나의 중독 그리고 잘못된 사람들을 쫓아가는 것에서 비롯 되었다. 지난 10년 동안 많은 이들을 잃었다. 어머니, 양아버지, 두 명의 형제, 두 번째 남편, 사촌들, 그리고 지인들을 잃었다. 내가 『치유, 사랑하는 이들을 잃은 사람들을 위하여』를 읽었을 때 그 글을 쓰신 목사님이 남편을 작년에 잃었음을 알게 되었다.

목사님께서는 내가 하나님의 음성을 들어야 한다고 말씀을 하셨다. 예배시간에 나는 주님께서 주신 메세지를 설교하고 신앙간증을 했다. 나의 고백은 내 마음 속에 용서하지 못하는 마음을 가지고 있었다는 것이었다. 쓴뿌리가 마음에서 자라서 내가 영적으로 성장하지 못하므로 다른 사람들을 도울 수 없고 나의 삶은 파괴의 길을 걸은 것이다. 내가 가장 용서하지 못한 것은 두 번째 남편이 죽기 전에 나에게 한 행동들이었다.

2005년, 남편은 나를 육체적으로 학대 했고, 폭행으로 인해 그는 교도소에 갔다. 그는 경찰이 도착하기 전에 많은 알약을 삼켰고, 그 날 밤에 감방에서 죽었다. 그의 사망 소식을 들었을 때, 나는 멍해져서 오랫동안 아무것도 느낄 수가 없었다. 나는 하나님을 믿었지만 큰 문제가 생기면 모든 것을 잊기 위해서 술과 마약을 했다. 나는 망가지고, 멈추고, 다시 깨끗해지는 것을 계속해서 되풀이 했다. 그런 순환은 내가 2009년 6월에 체포를 당하기 전까지 계속되었다.

이런 가운데서도 하나님께서는 항상 나와 함께 계셨다. 하나님의 사랑으로 내가 과거에 저지른 모든 나쁜 행동들에 대해서 나 자신을 용서할 수 있게 된 것은 축복이었다. 또 남편이 죽기 전에 나에게 한 짓들과 나를 홀로 남겨 두고 간 것에 대해서도 용서했다. 하나님은 내가 혼자가 아님을 깨닫게 해

주시고 항상 나와 함께 계신다. 하나님께서 나에게 해주신 일들에 대해 결코 잊지 않을 것이다. 이곳 교도소에서 풀려날 때에도 예수님의 사랑을 내 마음 속에 간직할 것이다.

이 곳에 있으면서 목사님을 통해 하나님의 음성을 듣고 하나님께서 나에게 말씀하시는 것을 순종하고 따르는 것을 배우고 있다. 하나님께서는 자신을 사랑하는 것처럼 네 이웃을 사랑하라고 말씀하셨다. 그리고 나에게 그 말씀은 어떤 사람이 당신 자신과 누군가에게 어떤 짓을 했든지 그들을 용서하라는 말씀이었다. 나는 하나님을 통해서 용서가 더 행복한 인생으로 가는 새로운 길임을 깨닫게 되었다. 내 새로운 인생길을 내 안에서 임재하시고 우리의 전능하신 창조주 하나님, 구원자 예수 그리스도, 그리고 성령님께서 이끌고 계신다.

우리에겐 천국에 갈 소망이 있고 하나님께서 우리의 아픔을 치유하실 수 있다. 우리가 해야할 일은 첫째 회개하기, 둘째 용서하기이다. 용서하는 것의 의미는 바로 하나님께 용서함을 받고, 아픔이나 고통을 다시는 느끼지 않는 마음의 평안을 이세상에 살면서 소유하는 것이고, 우리의 앞날에는 영생의 축복이 있다는 것을 알고, 소망의 삶을 사는 것이다.

8. 고통 - 메리 비스맨

이 고통스러운 용서의 과정을 어떻게 시작해야 할지를 잘 모르겠다. 내가 태어나기도 전부터 나는 어머니가 원한 존재가 아니었다. 1971년 새벽 2시, 임신 9개월의 어머니는 술집에서 술이 취한 채로 병원으로 갔다. 새벽 4시 45분 어머니가 자연 분만을 하지 못해서 수술을 받고 나는 태어났다.

병원 측에서 어머니에게 나의 이름을 뭐라 지어 줄지 물었을 때 어머니는 아이가 태어난 사실마저 부정하셨다고 한다. 그 날 오후에 아버지가 나에게 메리 비스맨이라는 이름을 지어 주셨다. 내 혈관에는 알코올이 있었고 피부에는 황달이 있었다. 3파운드 4온스의 몸으로 나는 내 장기에 가득 채워진 독과 싸웠다. 6개월 후, 나는 6파운드 3온스의 몸무게로 병원에서 퇴원했다. 그 날 찍은 나의 스냅사진이 유일한 신생아 사진이다.

내가 위에서 언급한 말들은 나의 어머니와 다른 가족들이 들려 준 이야기이다. 그밖에 이야기는 나의 기억에서 나온 것들이다. 나의 첫 번째 기억은 3살에 견뎌야 했던 어머니의 학대이다. 화씨 90도가 넘는 무더운 어느 여름날 어머니는 나의 몸에 천 기저귀를 고정시켜서 내가 도저히 벗을 수 없도록 하는 벌을 주었다.

나는 어머니가 머리 꼭대기까지 화가 날 정도로 나쁜 무엇인가를 했는지, 그런 처벌을 받을 만한 잘못이 무엇이었는지를 오늘날까지도 알 수 없다. 기저귀만 찬 채로 나의 몸은 태양 볕에서 몇 시간 동안을 견뎌야만 했다. 내 기억으로는 손으로 얼굴을 가리고 조용하게 울었던 것으로 기억한다. 나의 피부는 화상을 입어 수포가 생겼지만 세 살의 나이에도 울게 되면 더 체벌이 있을 것 같아 울지 않았다.

거의 40년의 시간이 흐른 지금도 그때처럼 고통스러웠던 일을 겪은 적이 없었다. 그때 나는 전신 화상과 신경계의 손상으로 인해서 A토픽이라는 피부암에 걸렸다. 40년이 지난 43살이 된 지금, 병에 차도가 있다. 나는 그 피부암 자국을 몇 년에 걸쳐 없앴지만 마치 전쟁터에서 얻은 상처처럼 얼굴과 가슴 그리고 팔에 추한 상처들이 남았다. 내 또래 아이들이 그 상처들을 보고는 호기심을 가지고 하는 말들이 상처를 남겼고 감정적 상처들은 파괴적 행동으로 나를 몰고갔다.

나의 삶을 파괴하는 어머니의 행동은 14년 동안 지속 되었다. 내가 7살이 되었을 때, 나의 자해로 동맥이 잘려 250바늘을 꼬매는 아픔을 겪었다. 나의 오른팔이 거의 잘릴뻔했고 그 이유로 나는 통제불능의 아이로 진단을 받았다. 그 일로 어머니는 매일 나를 피부에 멍이들 때까지 때렸다. 그 사고는 내가 고통을 얼마나 참을 수 있는 가를 알아볼 수 있는 시험이었던 것이다.

하지만 그런 아픔은 아버지와 아버지의 친한 친구가 나에게 준 굴욕에 비하면 아무것도 아니었다. 아버지가 술에 곯아 떨어지면 그의 친구는 항상 어머니에게 100달러를 주면서 집을 비우라고 했다. 그녀는 나가면서 "토니 삼촌이 하는 말을 잘 들어"라고 말했다. 그는 나를 테이프로 침대에 묶는 것과 같은 변태적 성행위를 했다. 어머니는 저녁 늦게 돌아와서 그에게 당한 일을 자세하게 설명하도록 했다. 나는 아픈 경험에 울었고, 그 이야기를 들은 어머니마저도 나에게 몹시 불쾌한 성적 행동을 하곤했다. 유명한 락 스타가 된 나의 이모도 나를 성적으로 학대했지만 비방할 생각이 없다. 나는 그들과의 관계를 피하기 위해서 가능한 많은 스포츠에 참여 했다.

12살 때, 나는 학교에서 싸움을 했다. 방과 후에 선생님은 나의 어머니에게 그 사실을 알렸고, 그녀는 학교로 와서 교장실에서 피가 나도록 나를 때렸다. 자동차로 가는 중에도 계속해서 나를 때렸다. 나는 땅 바닥에 쓰러졌고, 그녀는 걸으라고 명령했다. 내가 말을 듣지 않으면 나의 배를 찼다. 나는 믿을 수 없을 만큼 많이 맞으며 집으로 갔지만 상황은 더 악화되었다. 그녀는 나의 모든 물건을 빼앗고, 나의 옷을 벗기고, 내 침대에서 이불을 치웠고 나를 벌거벗긴 채로 방에 남겨 두고서는 문을 자물쇠로 잠궜다.

그때 어머니의 남자 친구가 전화를 했고 (하나님 감사합니다!) 그녀는 남자친구와 함께 나갔다. 다음 날, 맞아서 멍이 든 채로 나는 아무일 없던 것처럼 학교에 도착했을 때 정문 주차장에 서 있는 4대의 경찰차를 보았다. 나는 그들이 나를 잡으러 온 것임을 알지 못했다.

6학년이었던 나는 교도소에 갔다. 사실, 교도소는 아니고 그들이 보호시설이라 부르던 곳으로 갔다. 그들의 도움이 절실하게 필요했던 어제 밤에 그 경찰들은 어디에 있었단 말인가? 나는 혼란스러웠다. 나는 전체 학교 친구들 앞에서 수갑이 채워진 것에 심한 모욕감을 느꼈다.

그후 6개월 동안, 나는 양부모의 집을 이곳 저곳 떠돌아 다녔다. 그런 상황들이 하나님에 대한 적대심이 생기도록 만들었다. 나는 매주 일요일에 교회에 가야만 했는데, 그로 인해 또한 반항적인 생각이 자라게 되었다. 그들은 모두 "너의 죄"에 대한 것만 많이 이야기하는 것처럼 보였다. 나는 이미 내가 괴물 아이라고 느꼈다. 나는 하나님을 포함한 모든 이들의 말을 듣지 않았다.

주립 소년원에서 6개월을 보낸 후 집으로 다시 돌아갈 수 있었다. 어머니는 나를 입양 보내기 위해 애썼다. 주 정부에서 내가 18살이 되거나, 혹은 입양되기 전까지 매달 385불을 지불해야하기 때문에 어머니는 나를 집에 그냥 머물게 하기로 결정했다. 집으로 돌아온 날 밤, 어머니는 파티에 간 14살 된 언니를 데려오라고 했다. 언니는 취해 있어서 뒷 마당을 통해서 문으로 들어왔다.

그 날 저녁, 어머니는 언니가 술에 취해 있는 것을 보고 나에게 소리 질렀다. 설상가상으로 언니가 파티에 대해 이야기 하면서 나의 셔츠에 구토를 한 일로 어머니는 나도 파티에 참석한 것으로 믿어 버렸다. 나는 그런 어머니의 생각에 간담이 서늘했다. 사실 나는 아무 것도 마시지 않았지만 곧 어머니한테 당해야하는 엄벌이 두려워 눈물이 났다. 내가 술을 한 방울도 마시지 않았다고 부인 했음에도 어머니는 나의 목을 졸랐고 10분 동안 1리터의 보드카를 억지로 마시게 했다. 있는 힘을 다해서 저항했지만, 200파운드의 몸무게를 이길 수 없었던 것을 기억한다.

나는 지난 6개월간 집이 무척 그리웠다. 나는 그런 집으로 돌아간 것이었다. 내가 의식을 잃기 전에 어머니와 하나님께 소리를 질렀다. "왜, 제가 당신들 모두에게 그토록 미운 아이인가요? 제가 얼마나 더 큰 아픔을 견뎌야만 하는가요?" 나는 성 앤서니 병원에서 발이 묶인 채로 하루 종일 보드카를 토해 내면서 깨어났다.

몇 주 후 언니는 그 많은 양의 알코올이 어디에서 나온 것인지에 대한 증언을 하기 위해 법정에 출석했다. 법정에서 어머니는 처음으로 언니의 뺨을 때렸다. 그후로 나는 할 수 있으면 가족과 시간을 덜 보내려고 학교에서 운동에 참가했다. 운동을 하는 동안에는 무력감을 느끼지 않았지만 집에서 당하는 일들을 생각하면 항상 좌절이 되었다. 내가 어떤 것을 기대할 때마다, 나의 세계는 나의 눈 앞에서 허물어져만 갔고 잔인한 체벌이 계속 되었다.

외부인에게 내가 겪은 일을 설명을 하면 내가 어머니를 비난 한다고 말한다. 내가 14살 때에 솔튼의 경찰관이 나의 아버지에게 지속적인 학대의 결과로 나에 대한 양육권을 포기하는 서류에 서명하라고 했다. 주 정부에서 나를 어머니에게서 떼어 놓으려 할 때 마다 나는 어머니로부터 떨어질수 있을 것이라고 확신했었다. 그러나, 용케도 어머니는 아동학대 죄를 빠져나갔다.

나는 어머니를 용서하려고 노력했다. 진정으로 그녀를 용서하고 싶었다. 잠언 15장 4절은 "온순한 혀는 곧 생명 나무이지만 패역한 혀는 마음을 상하게 하느니라"라고 말씀하신다. 어떠한 영혼도 그러한 증오를 가지고 영원히 살 수 없음을 지난 몇 년 동안 깨닫게 되었다.

지금 이 글을 쓰고 있는 것은 용서를 위한 나의 여정의 시작일 뿐이다. 시편 50편 21절은 "네가 이 일을 행하여도 내가 잠잠하였더니 네가 나를 너와 같은 줄로 생각하였도다. 그러나 내가 너를 책망하여 네 죄를 네 눈 앞에 낱낱이 드러내리라 하시는도다"라고 말씀하시고, 에베소서 4장 26~27절에는 "분을 내어도 죄를 짓지 말며 해가 지도록 분을 품지 말고 마귀에게 틈을 주지 말라"라고 하셨다.

용서는 하나님이 거하시는 우리의 마음 깊은 곳에서부터

나온다. 끔찍했던 내 삶은 아무것도 아니다. 하나님께서 나를 위해 계획하신 그 삶은 소중한 가치가 있다고 믿는다. 기도의 능력은 놀랍다. 기도는 나를 자살까지 몰아 넣은 그런 파괴적 행동으로부터 자유롭게 했다. "내가 환난 중에서 여호와께 아뢰며 나의 하나님께 부르짖었더니 그가 그의 성전에서 내 소리를 들으심이여 그의 앞에서 나의 부르짖음이 그의 귀에 들렸도다" (시편 18:6). 주님이 나를 위로하시니 나는 두려울 것이 없다. 연약한 인간이 나에게 해 줄 수 있는 것이 무엇이 있겠는가? 오직 주님께서만 나를 위로하시고 도우실 것을 믿는다. 나는 나를 싫어하는 이들에게서 하나님의 사랑으로서 승리 할 것이다. 사람을 믿는 것보다 주님 안에서 은신처를 취하는 것이 나에게도 훨씬 더 낫다고 생각된다.

주님께서는 어머니가 나에게 상처를 주는 그 시절에도 나와 함께 하셨다. 나는 단지 주님의 계획하심이 무엇인지 보여 달라고 요청하는 기도를 할줄 몰랐을 뿐이었다. 그럼에도 불구하고 주님의 축복은 나에게 풍성하다. 나는 지난 12일 동안 성경말씀에 순종하려고 매일 진심으로 어머니를 축복했다. 하기 힘들면 하나님께 도우심을 구했다. 그 기간동안 나는 교도소에서 빨래를 했다. 죄수복을 환기구에 널고, 성경을 읽기 위해 책상에 앉았다. 빨랫줄에 널어놓은 죄수복에서 떨어지는 물방울처럼 한없는 눈물을 흘리기도 했다.

그 전에는 성령님의 하시는 일들에 대해서 잘 이해하지 못했지만 지금은 그분의 인도하심이 얼마나 위대한 것인지를 알게 되었다. 내가 했던 일들을 생각하거나 말하고, 꿈을 꾸게 될 때에 생생하게 기억이 되고 그 때마다 나는 주체할 수 없는 눈물을 흘리며 성령님의 임재하심을 체험하곤 한다. 하나님께서는 우리의 아픈 기억들을 치유하실 수 있다.

"구하라 그리하면 너희에게 주실 것이요 찾으라 그리하면 찾아낼 것이요 문을 두드리라 그리하면 너희에게 열릴 것이니" (마태복음 7:7).

기도: "주님, 제 자신을 포함해서 저에게 상처를 준 모든 이들을 용서하기로 결심했습니다. 성령님, 저의 모든 아픈 기억을 치유하셔서 제가 부정적, 비난적, 증오와 분노의 생각들을 버릴 수 있도록 도와 주세요. 당신의 사랑과 평안, 그리고 기쁨으로 충만하게 채워 주세요. 저는 저에게 상처를 준 모든 이들을 위해 기도하기를 원합니다. 그들의 아픈 기억들을 치유해 주시고 그들 또한 저를 용서할 수 있도록 도와 주세요. 아멘."

기도: "예수님의 이름으로 내가 용서를 받은 것처럼 나도 나 자신을 용서하기로 했습니다. 저는 이제 저의 어머니를 용서하기로 결심하였습니다. 제가 품고 있던 복수심을 심판장이신 예수님께 올려드립니다. 제가 어머니께 했던 모든 저주의 말을 다시는 하지 않겠습니다. 주님, 어머니를 용서하시고 축복해 주세요. 제가 용서의 은혜와 자유함 속에서 살 수 있도록 힘을 주셔서 감사합니다. 예수님의 이름으로 기도 드립니다. 아멘."

9. 대가—앨레나 로페즈

2001년 아버지가 돌아가셨을 때 나는 16살이었다. 나는 풍족한 삶을 살았다. 아버지는 25년 동안 우체국에서 일 하시면서 두 개의 사업을 운영하셨고 당뇨로 잠을 자던 중에 돌아가신 것으로 알고 있었다. 내가 18살이 되었을 때, 어머니는 아버지가 코카인 남용으로 돌아가셨다는 것을 알려 주셨다. 나는 아버지가 약물 중독자라고 생각해 본 적이 없었다. 나는 그 사실을 믿고 싶지 않았다. 네 명의 자녀와 아내, 그리고 아홉 명의 손주를 남기고 간 아버지를 이해할 수 없어서 화가 났다. 자기와 자기 가족에게 어떻게 그런 짓을 할 수 있는가? 우리는 아버지가 그 무엇보다도 더 필요했었다. 내 자신이 크리스털 메스라는 끔찍한 마약에 중독이 되기 전까지 아버지를 용서할 수가 없었다. 아버지와 나의 잘못은 마약을 시작한 것이었다. 그러나 사탄은 마약을 이용해서 파괴의 길로 이끈다는 것을 교도소에 왔을 때 비로소 깨닫게 되었다. 마약에 중독된 이들은 "계속해. 멈추지 마"라고 속삭이는 마귀의 음성을 계속해서 듣는다. 비록 아버지는 돌아가셨지만, 나는 나의 중독을 극복하고 주님을 위해 살아야 한다는 것을 깨닫게 되었다.

"하나님! 아버지의 약물 중독의 죽음이 가족과 나에게 큰 상처를 주었지만, 저는 아버지를 용서합니다. 저의 삶에 예수님이 계시고, 제가 용서하는 것을 배웠기 때문에 자유롭게 된 것을 믿어요. 사탄은 더 이상 하나님으로부터 저를 떼어 놓지 못할 거예요."

10. 힘 - 스테파니 몬토야

나의 딸 아이는 말수가 적어지기 시작했고 다른 사람들과 어울리지 않으려고 했다. 2007년 5월 19일, 뭔가 이상한 생각이 들어 딸과 저녁을 먹으러 나갔고, 아이스크림을 사주기 위해서 델리퀸으로 갔다. 나는 딸에게 무엇인가가 잘못되고 있다는 느낌을 받고 있다고 말하자 딸은 그제서야 숨겼던 이야길 꺼냈다. 나의 시아버지가 추행을 시작했을 때, 나의 큰 딸은 약 6살이었는데 그것이 2년 반 동안 계속 되었다는 것이다.

나는 "어떻게 그가 그런 짓을 할 수 있었지?"라는 생각과 분노에 사로잡혔다.

우리는 집으로 도착하자마자 경찰을 불렀다. 시아버지는 우리가 경찰에 연락한 것을 눈치채고 도망을 쳤다. 하지만 그는 사흘 후 돌아왔고, 그 날은 3년 전에 돌아 가신 나의 어머니의 생일이었다. 그는 자기 자신의 잘못으로 인해서 지금 교도소에서 6년 형을 복역 중이다.

그가 나의 딸에게 저지른 일을 생각하면 지금도 가슴이 찢어지는 것같이 아프다. 나는 그를 용서할 마음이 전혀 없었다. 딸은 그가 저지른 범죄의 유일한 희생자가 아니었다. 우리는 나중에 시아버지가 이웃의 아이들 또한 추행하려 했다는 것을 알게 되었다. 그가 우리에게 극심한 상처를 주었지만 나뿐만 아니라 모든 이들을 위해서, 또한 우리 딸 아이가 희생했다. 결국 나는 그를 용서했다. 나는 딸이 그를 용서했는지, 혹은 용서할 것인지를 알지 못한다. 하지만 나는 그녀에게 용서하는 법을 가르칠 것이다. 그래서 딸이 마음에 평안함을 가질 수 있도록. 성경말씀은 내가 나의 잘못을 용서 받기를 원한다면, 나에게 잘못을 한 이들을 용서해야만 한다고 말한다.

11. 침묵 - 타미라 헨리츠

5살때 나의 어머니가 맨 손으로, 혹은 나무 스푼에서부터 전기줄까지 어느 것이든 손에 잡히는 대로 나를 때렸기 때문에 어두움 가운데 살고 있었다. 나는 멍 투성이로 학교에 다녔고, 어머니는 선생님들에게 내가 주위가 산만해서 여기저기 자주 부딪쳐서 멍투성이라고 말했다.

선생님들은 나의 발 바닥이나 등에 난 전기줄 자국이나 손바닥 자국을 보지 못했다. 그들은 내가 앉을 때나 미끄럼틀을 탈 때에 느낀 고통을 알지 못했다. 이렇게 집에서 학대받는 것이 선생님들에게 알려진다면 어머니가 나를 죽일 것 같은 두려움 때문에 아무에게도 말하지 않았다. 내가 어머니로부터 그 끔찍한 일들을 당할 때, 우리의 애완견이었던 코코아가 나를 보호하려 애썼던 것을 기억한다. 어느 날 방과 후, 어머니가 나를 데리러 왔다. 코코아가 차 안에 없어서 나는 코코아가 어디에 있는지 물었다. 어머니는 코코아가 아파서 동물병원에 있다고 말했고, 며칠 후에 데려올 수 있을 것이라 했다. 말할 필요도 없이 그 날 저녁 나는 또 맞았다. 이유는 나와 가까왔던 아버지와 함께 차고에서 시간을 보냈기 때문이었다. 내가 아버지와 가까운 것을 어머니가 질투하는 것 같았다. 그녀의 가혹한 폭력에 나는 오줌을 쌌고, 오줌을 쌌다는 이유로 더 심하게 맞았다.

14살 때부터 나는 삼촌에게 2년 동안 성추행을 당했다. 어머니께 말씀드렸으나 나의 말을 믿지 않았다. 사실 가족 중 대부분이 내 말을 믿지 않았고, 그것이 나에게 큰 상처를 주었다. 어머니는 삼촌이 돈이 많았고, 때때로 그녀에게 도움을 주었다는 이유로 삼촌 편에 선 것 같았다. 나는 어머니에게서 배신감을 느꼈다.

처음 결혼 생활중에 생겼던 문제는 5살 된 나의 큰 딸이 외가에 갔을 때, 그 삼촌이 또 나의 딸에게도 똑같은 짓을 한 것을 알게 되었다. 나는 가슴이 무너져 경찰에 신고를 했지만, 딸 아이의 나이 때문에 경찰은 그를 기소하지 않았다. 내가 주님의 도움으로 어머니를 용서할 수 있기 까지는 많은 세월이 걸렸다. 14년 동안 나는 그녀와 말을 하지 않았고, 이제 막 그녀와 대화를 나누기 시작했다.

12. 교도소의 벽 – 루돌포 세고비아 주니어

감방에 감금되어 판결을 기다리면서 철제 의자와 콘크리트 바닥에서 절망감을 느꼈다. "하나님, 왜 나를 이런 곳에 가두었어요? 당신을 증오해요"라고 울부짖었다. 그리고는 곧 생각에 잠겼다. '내가 잘못해서 교도소에 들어와서 왜 하나님을 원망하지?' 그러자 나는 죄책감에 빠졌다.

"하나님, 제발 저를 용서해 주세요."

그 때에 하나님의 음성이 마음에 들려왔다. "나는 너를 용서했다. 네가 이곳에 온 것은 너의 선택이다. 너는 죄의 대가를 치루어야 한다."

나는 감방에서 절망감에 주저 않았다. 남자는 울면 안된다. 하지만 뒤에 남겨진 아내와 아이들 생각에 눈물을 참을 수 없었다. 대체 나는 어떤 아빠란 말인가? 내가 어떤 남편이 되었는가?

"너의 삶은 끝나지 않았다. 전심으로 나를 의지해라 그러면 내가 너에게 어려움을 감당할 수 있는 힘을 주리라."

"주님, 저를 도와 주세요."

"너를 어둠에서 건져내겠다. 나의 사랑하는 아들아, 나는 너를 떠난 적이 없단다."

내가 절망의 길에서 희망을 길을 걸을 수 있는 것은 오직 그리스도의 사랑으로 가능했다. 나는 겸손히 무릎을 꿇고 회개를 했다. 그러자 진정 말로는 도저히 설명할 수 없는 평화가 내 마음에 채워졌다.

"나는 네가 나에게 오기를 기다렸다. 내가 널 나의 영광을 위해서 사용할 것이다. 너의 삶은 변화 될 것이다." 주님은 격려의 말씀을 하셨다.

교도소는 세상과 고립된 환경에서 하나님과 만나는 장소가 될 수 있다. 가장 중요한 것은 우리의 마음을 예수님께 여는 것이다. 그럴 때 하나님은 우리에게 마음의 죄성과 마귀를 어떻게 대적하는 것을 가르쳐 주신다. 하나님께서는 우리를 너무나도 사랑하신다!

13. 변화 - 앤소니 카

나는 19살에 처음으로 하나님을 알게 되었고 주님께서 나의 삶에 관심을 갖고 계시다는 것을 알게되었다. 그러나 그 후 얼마 지나지 않아서 나는 옛 친구들과 어울리기 시작했고, 마약과 술로 사탄의 유혹에 빠져서 눈이 가리워졌고, 3년 반 동안 교도소에 갔다. 그러나 나는 하나님의 도우심을 구하지 않았다. 내가 하나님의 은혜를 받을 가치가 없고, 하나님께서는 내 인생에 임하시지 않았다는 사탄의 거짓말을 믿었기 때문이다. 그래서 출소한 후 파괴적인 삶을 살았다.

나는 일생 동안 교도소를 들락거리다, 몹시 지친 후에야 하나님을 찾기 시작했다. 나의 인생을 하나님께 맡기고 간구하면서 성경책을 읽기 시작했다. 나는 그리스도를 내 삶에서 첫 번째로 두기 시작했다. 성경을 읽으면서 주님께 나를 인도하시고 내가 무엇을 해야할지를 말해 달라고 기도했다. 하나님께서는 나를 결코 버리시지 않으셨다는 것을 알게 되었다. 내가 세상을 사랑해서 하나님을 떠났던 것이었다.

"그가 또한 우리에게 인치시고 보증으로 우리 마음에 성령을 주셨느니라"(고린도후서 1:22). "곧 이것을 우리에게 이루게 하시고 보증으로 성령을 우리에게 주신 이는 하나님이시니라"(고린도후서 5:5).

하나님께서는 나의 삶에 오셔서 나의 마음을 변화 시키시기 시작하셨다. 하나님의 은혜로 사랑, 기쁨, 평안, 인내, 친절함, 믿음, 동정심 그리고 자기 절제력을 배우고 있다 (갈라디아서 5:22~23). 그후 나는 다른 이들의 아픔을 알게 되었고, 그들을 위해서 기도하면서 돕고 싶은 마음이 생겼다. 그런 마음은 내가 전에 가져 보지 못한 마음이었다. 나를 위해 항상 그곳에 계셨고, 결코 나를 떠나지 않으셨던 하나님께 감사를 드린다. 당신이 하나님께 삶을 맡기고 그 분의 말씀을 읽고 묵상한다면, 하나님의 도우심으로 마음에 평안을 찾을 수 있게 될 것이다. 하나님께서 당신을 축복하시기를.

14. 굳건하게 서라 – 모니카 발데즈

내가 12살 때에 외삼촌이 나를 거의 일 년 동안 성추행했다. 그 아픔을 잊기위해 15살이 되었을 때는 여러 종류의 마약을 사용하기 시작했다. 나는 매사에 자신감이 없었고 반항아가 되어갔다. 내가 성추행을 당한 것을 부모님은 알고도 전혀 언급하지 않았다. 부모님이 나에게 관심이 없고 모든 것이 나의 잘못이라 생각했다.

어느 날 저녁, 나는 매우 절망적인 생각에 약품 저장고로 가서 모든 처방약과 알약을 챙겼다. 그리고는 내 방으로 가서 문을 잠그고 그 모든 약들을 다 먹고 친구에게 전화를 했는데 갑자기 말이 막히고 이상한 느낌이 들기 시작해서 전화를 끊고 바닥에 쓰러졌다. 내 몸의 모든 기능이 정지되어, 눈만 움직일 수 있었다.

바닥에 누워있는 동안 나는 바닥에서 피어나는 연기의 구름을 보았다. 그것은 곧 괴물의 두개골로 바뀌었다. 그것은 형채가 큰 머리였고, 그 머리를 뒤로 젖힌 채로 웃기 시작했다. 나는 겁이 나서 하나님께 울부짖으면서 내가 잘못했다고 용서를 빌었다. 어머니가 나의 울음소리에 깨어나 쓰러져있는 나를 발견하고는 병원으로 급히 데려갔고 의료진이 위를 세척해서 나의 목숨을 살렸다.

나는 그 환상을 본 후, 지옥과 사탄이 실제로 있다는 확신을 갖게 되었다. 나의 외삼촌은 사탄에게 문을 열었다. 그러나 외삼촌은 뛰어난 언변으로 사람들을 속였다. 때때로 사탄은 당신이 죄책감과 수치심을 잃고 인간답지 못한 행동을 하도록 유혹할 것이다. 많은 사람들이 영적 싸움을 인식하지도 못한 채로 마귀에게 속아서 죄에 빠진다.

우리가 침체되어 앞으로 나아갈 수 없다고 느낄 때, 주님께서는 "넌 할 수 있어"라고 말씀하신다.

주님께서는 나의 아픈 마음을 위로하시며 구원하셨다. 그리고 나의 눈물을 닦아주셨다. 내가 비록 보거나 이해할 수 없을지라도 주님께서 나와 함께 하신다는 것을 믿는다.

삼촌에게 성폭행 당한 것으로 인해서 나는 오랫동안 트라우마와 충격에 시달렸다. 사탄이 그 사건을 자꾸 기억나게 하면서 나를 괴롭혔다. 나는 하나님께 사탄을 물리 칠 수 있는 힘을 달라고 하고 그러한 기억으로부터 자유롭게 해 달라고 매일 기도를 드렸다. 하나님께서는 내 기도를 응답하시고 도와주셨다. 그러나 외삼촌과 어머니를 용서하는 것은 나에게 매우 어려운 일이었다. 용서를 하여 마음의 자유를 찾게 해달라고 오랫동안 기도했다. 그래서 내 목을 조여 온 마귀의 사슬로부터 자유로워질 수 있도록.

내가 기도를 간절히 드린 날, 목사님께서 찾아 오셨다. 우리는 영적 싸움에 대한 이야기를 나누었다. 그 날 밤, 악령이 나를 떠난 것을 느낄 수 있었다. 나를 포기하지 않으신 하나님께 감사를 드린다. 하나님께서는 나의 죄를 용서하셨다. 또 나에게 상처를 준 이들을 용서하는 것이 가능하도록 하셨다. 나는 19년 동안 사탄의 포로였다. 하나님께서 내가 선함과 악함, 그리고 빛과 어두움을 경험하도록 하셔서 내가 죽음에 가까웠을 때에 진리가 무엇인지를 알게 하셨다.

하나님께서는 나의 마음을 깨끗하고 새롭게 하시고, 나의 길을 인도하시며, 나의 신앙을 강하게 하시고 도와주신다. 때때로 하나님께서 나에게 주신 모든 은혜를 말로 표현하기 어려울 때가 있다.

"하나님의 나라는 말에 있지 아니하고 오직 능력에 있음이라"(고린도전서 4:20). 때로는 나 자신이 바보처럼 느껴질 때가 있지만, 바울은 말한다. "그러나 하나님께서 세상의 미련한 것들을 택하사 지혜 있는 자들을 부끄럽게 하려 하시고 세상의 약한 것들을 택하사 강한 것들을 부끄럽게 하려 하시며 하나님께서 세상의 천한 것들과 멸시 받는 것들과 없는 것들을 택하사 있는 것들을 폐하려 하시나니 이는 아무 육체도 하나님 앞에서 자랑하지 못하게 하려 하심이라"(고린도전서 1:27~29). 나 자신이 부족하고 연약하게 느껴질 때, 하나님께서 강한 것들을 부끄럽게 하려고 약한 것들을 택하셨다는 사실을 되새긴다. 나에게 엄청난 일을 시작하신 하나님께서 예수 그리스도의 재림 전까지 계속해서 그 일을 완성해 나가실 것임을 믿는다.

15. 핑크색 묘비 - 리사 페레즈

사탄의 거짓말에 속아서 모든 것을 잃기 전까지, 나는 모든 것을 가진 사람이었다. 지난 5년 동안 나는 하나님의 은혜를 망각한 채로 행복해질 수 있는 많은 기회를 놓쳐버렸다.

마약 중독이 나를 파괴의 길로 이끌었다. 교회를 다니면서도 재활, 정신과 치료를 들락날락 거렸다. 슬픈 사실은 아들 셋과도 이별과 만남을 지속하고 있다. 그러나 내가 중독에서 해방되고 깨끗한 상태로 되돌아 오게 된 것은 바로 하나님의 사랑과 용서였다.

처음 교도소에 왔을 때, 나는 목사님이나 예배가 있을 것이라고 상상조차 하지 못했었다. 그것이 나를 자신에게로 이끄시고, 새로운 시작을 하도록 하신 하나님의 방식이었던 것이다. 예배를 통해서 첫번째 받은 메시지는 바로 용서였다. 용서는 바로 나의 문제였다. 그것이 사탄이 나를 소유하게 된 이유였던 것이다. 나는 내 삶을 망친 나 자신, 그리고 나의 아들들로부터 그렇게 오랫동안 떨어지도록 만든 나 자신을 용서할 수가 없었다.

나의 아버지가 나를 교회에 데리고 가셨을 때 나는 눈물을 흘렸다. 하나님과 나의 구원자이신 예수님께 등을 돌린 사실과 내가 실패하고 중독에 빠진 것에 대한 죄책감에서 헤어나기 힘들었다. 하나님께서 어떻게 나를 용서하실 수 있을까? 작년에 나는 길을 건너다가 차에 치여서 거의 죽을 뻔 했지만 하나님께서는 나를 살려주셨다. 하지만 나는 나의 행동이 조금 고쳐지면 다시 하나님께 등을 돌렸다. 그리고 나는 내가 용서를 받지 못할 것과 나 자신을 용서할 수도 없을 것이라고 확신했었다. 사실 나는 자신에 대한 죄책감이나 수치심을 느끼길 원치 않았기 때문에 그냥 그 일들을 하고 있었다.

어느 날, 나는 공동묘지에서 마약을 하다가 '나는 죽은 이들과 함께 있네'라는 생각이 문득 들어왔다. 이름이 적혀 있지 않은 채로 장미꽃으로 치장이 된 핑크색 묘비를 보았고 그것은 마치 나의 이름이 새겨져 있어야 할 묘비처럼 보였다. 잠시 심각한 마음도 들었지만, 만약 내가 죽더라도 그것은 고통으로부터의 탈출이라 생각했다.

어쨌든 내가 지금 살아서 교도소에 있는 것은 하나님의 뜻이다. 옳은 일을 할 마지막 기회인 것이다. 나는 예배에 참석해 왔다. 그곳에서 나는 똑같은 메세지를 받았다. "용서하라. 그러면 네가 용서를 받을 것이다." 하나님의 말씀에 순종하지 않으면, 상황은 더욱 악화될 뿐이다. 나는 선택했다. 자신을 용서할 수 있게 도와 달라고 예수님께 기도드렸다. 그 후 감방의 다른 여인들도 나 같이 죄책감에서 허덕이고 있다는 것을 알게 되었다. 내가 용서 못하는 것이 나의 삶을 사탄에게 내어준 것임을 깨닫자 하나님께 용서를 구했고 자신을 용서하게 되었다.

그이후 사탄은 더이상 나를 조종할 수 없었다. 왜냐하면 나는 중독으로부터 자유로워졌기 때문이다. 나는 예수님을 따르려 노력하며, 성령의 음성을 듣고, 다시는 하나님께 등을 돌리지 않을 것이다. 내가 필요할 때에 그 분은 항상 나와 함께 계셨다. 우리의 구세주 예수 그리스도께서 진정으로 우리를 위해서 하실 수 있는 것이 무엇인지, 우리를 조종하고 괴롭히려 애쓰는 악한 영과 싸울 때에 그의 보혈이 얼마나 강력한 것인지를 배우고 있다. 우리가 해야 할일은 회개하고 하나님의 용서를 구하고 우리 자신을 용서하는 것이다. 이제 나는 희망을 가지고 하나님께서 내가 더 나은 일을 할 수 있도록 도와주실 것을 믿고 기도 드린다.

16. 하나님의 위대하심 - 쉘라 월쉬

2008년 12월 28일에 교도소에 오게 된 것에 대해서 하나님께 감사를 드린다. 그리고 음주 운전을 하였지만 누구에게도 해를 입히지 않았음에 감사를 드린다. 나는 주님과 가까워질 기회가 필요했다. 화학 요법 치료를 받기 전, 나는 절제와 평온, 사랑, 희망, 기쁨, 그리고 많은 감사의 놀라운 나날들로 축복을 받았다.

그러나 2년 전에 받은 치료의 부작용으로 명확하게 보는 시력을 잃었었다. 나 자신의 연민에 빠져 다른 이들의 관심과 동정을 받는 것에만 집중해 있었다. 그리고 오랫동안 삶의 아픔들을 잊기위해 마약에 중독되어 거리를 헤매었다.

나는 지난날을 돌이키면서 어렸을 때 성적 학대를 받은 것으로 인한 많은 슬픔을 경험한 것을 깨닫게 되었다. 그것은 나를 영적 교도소에 가두었다. 그러나 이곳 아담스 카운티 교도소에 갇히는 것이 그토록 놀라운 진정한 인생의 변화를 줄 것이라고는 생각조차 하지 못했었다.

나는 이곳 교도소에서 19일 동안 있었다. 19일간의 놀랍고도 훌륭한 날들, 나는 이 말이 어떤 사람들에게는 정신없는 사람들의 말처럼 들릴 것이라고 생각한다. 하지만 나는 전에 맛볼 수 없었던 평안과 기쁨, 행복, 희망, 사랑과 감사하는 마음으로 축복을 받았다. 세상의 관점으로 봤을 때에 나는 미친 것이 틀림없다. 그러나 세상이 나를 어떻게 보건, 어떻게 생각하건 그것은 이제 나에게는 관심이 없다. 나는 하나님께서 우리의 기도에 어떻게 응답하시는지, 우리에게 최선의 것이 무엇인지를 알고 계시다는 것을 배웠다. 이 곳에 있은 후에 많은 긍정적인 일들이 일어났다.

처음 교도소에 와서는 과거의 죄와 폭력, 그리고 나 자신과 하나님, 다른 이들에 대한 부정된 생각으로 싸웠다. 또한 무력감, 용서하지 못함, 죄책감과 수치심에 시달렸다. 그래서 하나님께 매달리며 울부짖었다.

"전 실패자예요. 저는 많은 이들에게 상처를 주었어요. 특히 하나님에게요. 어떻게 저를 여전히 사랑하실 수 있으신가요?" 울고 또 울었다.

그러자 나는 가장 부드럽고 친절한 음성을 듣게 되었다.
"용서 받았느니라."

그순간 예수님께서 십자가에 돌아가신 사랑과 은혜를 깨닫게 되었다. 다음 날, 한 젊은 여자가 우리 감방에 투옥되었다. 그녀는 십자가와 장미 그림을 그리고 빌립보서 4장 13절 말씀을 적었다. "내게 능력을 주시는 자 안에서 내가 모든 것을 할 수 있느니라."

나는 무척 감명을 받았다. "아름다워요. 나를 위해서도 그림을 그려주실 수 있나요?"

"어떤 그림을 그려주기 원해요?"

"하나님께서 인도하시는 대로 그려주세요."

얼마 후, 그녀가 나를 위해 그린 자신의 그림을 나에게 보여 주었을 때, 나는 눈물이 쏟아졌다. 그 그림은 장미를 든 기도하는 손이었다. 리본의 아래 부분에는 "용서 받았느니라"라는 말이 적혀 있었다.

하나님의 "용서 받았느니라"라는 부드럽고도 친절한 음성을 들은 것에 대한 확언이었다. 그것은 나에게 큰 기쁨과 희망, 그리고 평안을 주었다.

그후 나는 질문을 하기 시작했다. "주님은 어떻게 저를 사랑하실 수 있으신 거예요? 제 안에서 당신이 보시는 것이 무엇인가요?" 나는 여전히 용서와 심지어 과거의 모든 끔찍한 죄를 기억하지 않으시는 것에 대한 그 분의 능력에 의구심을 가지고 있었다.

다시 한 번, 지난 번과 같은 음성이 들려 왔다. "너는 티끌 없는 순결한 나의 딸이란다."

그제서야 하늘에 계신 아버지께서 나를 보는 것이 아니라 그 분의 아들, 예수님의 십자가의 보혈로 깨끗하게 씻음을 받고 용서받은 나의 모습이 티끌 없이 순결한 모습이라는 것을 깨닫게 되었다. 예수님께서 우리의 모든 죄를 위해서 십자가에 죽으심으로 우리를 용서하셨다. 그래서 우리는 하나님 앞에서 사랑스러운 자녀들인 것이다. 내가 누구인지, 혹은 내가 무슨 짓을 했었는지는 중요한 것이 아니었다. 하늘에 계신 아버지의 크신 사랑으로 인해서 나는 용서를 받았다. 하나님은 인내심과 사랑을 가지고 우리 각자에게 최선의 것을 주시기를 열망하신다. 그분의 뜻은 단지 모든 사람들이 하나님의 사랑과 용서를 받는 것이다. 하나님께서 진정으로 나를 용서하셨다는 사실은 너무나 놀라와 감사로 울음이 나왔다.

나는 축복을 받은 여자이다. 나는 하나님께서 우리 모두를 한 없는 평안, 사랑, 기쁨, 위안, 만족, 즐거움과 희망으로 축복하시기 원하심을 알고 있다. 그 분은 우리의 유일한 희망이자 신뢰할 수 있는 분이시다. 비록 우리가 그렇지 못할 지라도 그 분께서는 우리의 삶을 풍성하게 하기 위해서 기다리고 계신다. "또 여호와를 기뻐하라 그가 네 마음의 소원을 네게 이루어 주시리로다"(시편 37:4).

술과 마약의 남용을 통해서 나는 오직 하나님만이 유일한 해답이며 나의 슬픔과 병, 그리고 공허한 삶에 대한 치료자임을 깨닫게 되었다. 하나님은 나를 교도소로 이끈 술과 마약, 그리고 다른 많은 세상적 욕구들을 버리라고 하신다. 그것은 힘든 영적 싸움이다. 그러나 이제 하나님을 첫째로 나의 삶에 두고 그분에게 순종하기로 결정했다. 하나님의 은혜로 나는 다른 이들을 용서했다. 우리 모두가 마음과 영혼으로 평안을 갈구하며 살아가고 있다는 사실을 이해하도록 도움을 준 12단계의 프로그램에서 후원자와 함께 할 수 있는 축복을 받았다. 우리가 용서를 할 때 평안을 얻는다는 것을 배웠다.

17. 너는 도대체 누구냐? - 스테파니 맥코이

1996년, 하나님께서는 나를 마약 중독에서 건지셨다. 하지만 2005년, 나는 다시 옛 생활로 돌아간 후 나 자신에 대한 실망으로 절망에 빠졌다. 나는 하나님과 내 가족, 그리고 나 자신을 실망시켰고 다시 새로운 삶으로 돌아갈 가치가 없는 인간이라고 생각하고 죽고 싶은 마음뿐이었다.

2년 반 동안 매일 나를 이 세상에서 데려가 달라고 하나님께 간구했다. 하나님께서 나를 용서하셨음에도 내가 나 자신을 용서할 수 없었으므로 치유받는데 큰 걸림돌이 되었다.

하나님께서는 나에게 "내가 너를 용서했는데, 너 자신을 용서하지 못하는 너는 도대체 누구냐!"라고 말씀하셨다.

나는 기도를 드리며 하나님께 나의 마음과 영혼을 치유하셔서 하나님께서 보시는 내 모습을 나에게도 보여달라고 간구했다. 하나님께서는 분명히 내가 보지 못하는 어떤 것을 내 안에서 보고 계셨다. 하나님께서는 그 분의 왕국에서의 나의 가치에 대해서 나에게 보여 주시기 시작하셨다. 하나님의 용서해 주심을 믿고 나도 나를 용서할 수 있게 되었다. 이제 나는 새삶을 살 수 있게 되었다. 하나님께 영광을!

18. 주님을 만남 - 캐롤린 이버라

내가 14살, 남동생이 4살일 때에 어머니께서 돌아가셨다. 그것은 내 삶에 있어서 가장 충격이었고 슬픈일이었다. 내가 어머니의 죽음을 어떻게 극복할 수 있었는지 모른다. 단지 18살때 교회에 다니기 시작했고, 2005년에 주님을 영접하고 세례를 받았고 기뻤다는 것을 기억한다.

그 다음에 상상도 하지 못한 끔찍한 일이 일어났다. 내 남동생이 죽은 것이다. 그애는 나의 "아기"와 같았다. 나는 어머니가 돌아 가신 후로 내가 그를 돌보았기 때문이다. 마음의 충격과 상처가 너무 커서 어떻게 아픔을 감당해야 할지도 몰랐다. 나는 하나님께서 엄마뿐아니라 내 동생마저도 나에게서 빼앗아 갔다고 생각하고 화가 났다. 그일이 생기기전 나는 세례를 받았다. 나는 주님께 항의했다. "제가 제 자신을 주님께 드린지 얼마 지나지 않은 때에 왜 이런 일이 일어나게 하셨어요?" 그때부터 나는 분노로 가득한 삶을 살았고 마약을 하기 시작했다. 그당시 학대를 당하는 관계에 있는 나 자신을 어쩔 수 없다고 생각했다. 정말 나 자신을 자제할 수 없었다. 여전히 하나님 뿐만 아니라 이 세상의 다른 모든 이들에 대한 분노를 품고 있었다.

나는 4개월 동안 두 번의 수술을 받았고 2008년에 교도소에 수감이 되었다. 어느 날 저녁 스페인어 예배에 참석했는데 예배 인도하는 사람이 우리들에게 눈을 감고 우리가 하나님을 버린 곳에서 그 분을 찾으라고 권유했다. 그 분께서는 결코 나를 버리지 않으셨으며 다만 내가 그 분을 떠났을 뿐이라고 설명했다.

내가 눈을 감았을 때, 나는 멀리서 누군가를 볼 수 있었다. 나는 계속해서 "예수님, 어디 계세요? 나는 주님이 필요합니다. 제발, 당신을 만나게 도와주세요"라고 간청했다.

그러자 나는 어떤 따스한 것이 나를 감싸는 것을 느낄 수 있었다. 그 다음 내가 알 수 있었던 것은 주님의 손이 나를 감싸고 있다는 사실이었고 말로 표현할 수 없는 위안과 행복을 느낄 수 있었다. 예수님께서 나의 삶에 다시 임하셨음을 느낄 수 있었다. 나는 울음을 터뜨렸고 그 동안 품어왔던 원망과 분노를 버렸다. 그후 성경을 읽기 시작했을 때 전에 이해하지 못했던 것들을 이해하기 시작했고 내 인생의 전환점을 맞았음을 깨닫게 되었다. 예수님을 만난 것이다.

하지만 석방된 후 나는 전과 같은 학대의 관계로 돌아가서 마약을 하기 시작했고, 자살충동, 실업, 내 아들을 포함한 나에게 남겨진 모든 것들을 잃었다. 그는 나에게 상처만 주고 떠나갔다. 나의 마음은 갈기갈기 찢어졌지만, 여전히 예수님께서 나와 함께 계신 것을 느꼈고 하나님께서는 나에게 필요한 모든 것을 공급하셨다.

마음의 치유를 위해서 평안의 기도를 계속해서 드렸다. "하나님, 제가 바꿀 수 없는 것들을 수용할 수 있는 평안을 허락해 주시고 제가 바꿀 수 있는 것들을 바꿀 수 있는 용기를 주시며 그 차이를 알 수 있는 지혜를 허락해 주세요."

그 기도를 하면서 나는 하나님의 치유와 용서를 경험 할 수 있었다. 나에게 일어난 모든 슬픈 일들을 받아들이고 하나님에 대해서 화내었던 자신을 용서해야만 했다. 그후 나는 헤어진 남자가 나에게 잘못한 것을 용서해야만 했다. 용서받고 용서함으로서 나를 엄청난 무게로 짓누르던 어떤 것이 나에게서 떨어져 나가는 듯한 느낌을 주었다. 매일 매일이 치유의 과정임을 느꼈다.

2009년 다시 투옥되었을 때 『최고의 성인들』 책들을 통해서 나와 비슷한 경험을 한 사람들이 하나님의 은혜안에서 치유되고 변화 되는 것을 읽고 감명을 받았다. 나는 더 이상 혼자가 아님을 느낄 수 있었다. 또한 나는 『치유, 사랑하는 이들을 잃은 사람들을 위하여』라는 책을 읽었는데 슬픔을 극복하는 방법에 대한 책이었다. 그 책은 나의 치유에 도움을 주었다. 내가 이곳에 있는 동안 "두려워 말라"라는 음성이 나에게 들려왔다. "두려워 말라, 나는 항상 너의 앞에서 걸을 것이다. 어서 나를 따라 오너라. 내가 너에게 안식을 주리라." 하나님이 없는 나의 삶은 혼돈과 슬픔이다. 나는 그 분의 손을 붙잡고 따라가기로 결심했다.

19. 치유 - 조 앤 마이어볼드

하나님께서는 내가 큰 깨달음을 경험하도록 하기 위해서 나를 이 곳 교도소에 45일 동안 보내셨다. 이 곳에 있는 동안 몇몇 놀라운 여인들을 만나게 되었다. 그 중 한 여인은 그 누구보다 나에게 큰 영향을 주었다. 우리는 그녀를 사모안이라고 불렀다. 왜냐하면 우리는 그녀의 진짜 이름 (펠리우아이나 알룸스)을 제대로 발음할 수 없었기 때문이었다. 나와 이곳 F동 1400호실의 다른 여인들이 그녀의 영향력에 대해서 어떻게 느끼고 있는 지를 말로 설명하기가 힘들다.

여기 그녀를 묘사할 수 있는 성경구절이 있다. "내가 비옵는 것은 이 사람들만 위함이 아니요 또 그들의 말로 말미암아 나를 믿는 사람들도 위함이니 아버지여 아버지께서 내 안에 내가 아버지 안에 있는 것 같이 그들도 다 하나가 되어 우리 안에 있게 하사 세상으로 아버지께서 나를 보내신 것을 믿게 하옵소서" (요한복음 17:20~21).

사모안은 진정한 영적 지도자였다. 그녀는 그 어려운 시기에 나에게 큰 도움과 위안을 주었다. 우리는 함께 성경을 읽었고, 함께 영적인 서적과 문헌들을 읽었다. 그리고 그녀는 거의 매일 기도 모임을 인도했다. 내가 그녀를 만나지 못했다면 어떻게 되었을지 상상할 수 조차 없었다.

나는 아버지의 자살로 인해서 오랫동안 슬픔에 쌓여 있었다. 나의 아버지가 돌아가신 2007년 7월 6일에 나는 계단에서 굴러 팔을 부러뜨렸다. 그 한 주 내내 충격에 싸여 있었다. 45일 동안의 구금생활 중에 목사님을 만나기 전까지는 용서가 바로 내게 필요한 것이었다는 것을 깨닫지 못했었다.

『치유, 사랑하는 이들을 잃은 사람들을 위하여』를 읽기 시작했을 때, 나는 그 책을 내려 놓을 수가 없었다. 목사님은 자신의 슬픔 극복 과정을 통해서 나에게 엄청난 도움을 주셨다. 나는 지금 그 책의 72페이지를 읽고 있다. 그리고 나는 깨달았다. 아버지에 대한 슬픈 기억을 거의 3년 동안 간직했으나 이제는 아버지를 하나님께 보내야 한다는 것이다. 아버지의 죽음과 관련된 모든 부정적인 생각들로 매일을 산다면 슬픔과 분노로 살게 되고 정상적인 삶을 살아갈 수 없다.

나에게 가장 영향을 끼친 것은 바로 다른 수감자가 나에게 말한 내용이었다. 그녀는 "하지만 그가 자살을 한 것이라면, 그것이 바로 그가 원한 것이 아니었을까?" 그리고서는 계속해서 말했다. "그는 자신이 원하는 곳에 있을거야."

그말에도 일리가 있었다. 아버지가 자살을 하기 25년 전에도 일산화탄소 중독으로 자살을 시도했었다. 나는 마침내 죽음이 바로 아버지 자신이 원하던 것이었음을 받아들이기 시작했다. 7월 6일 이후 아버지가 천국에 계신지가 궁금했다. 아버지는 이 세상에서 정말 선한 사람이었고, 아버지가 천국이 아닌 다른 곳에 계신 모습을 상상할 수도 없다. 아버지께서 천국에서 매우 만족스러운 모습으로 계신 꿈을 몇 차례 꾸었다.

나는 나를 그토록 갑작스럽게 떠난 아버지를 용서해야 했다. 용서가 힘들었던 이유는 아버지가 목을 매는 모습이 계속해서 마음 속에 떠올랐기 때문이다. 나는 그 곳에 없었지만 아버지가 한 모든 행동을 상상할 수 있었다. 그리고 그 생각은 계속해서 나를 따라 다녔고, 그래서 더 슬픔에 빠졌었다. 하지만 나는 마침내 용서를 시작할 수 있게 되었다고 생각한다.

사모안과 목사님을 통해서 배운 것이 성령님의 도우심이었다. 그들이 하나님의 말씀을 간단 명료하게 설명해 주어서 하나님의 말씀을 더 잘 이해할 수 있었다. 그 두 여인을 만난 것은 나에게 진정한 축복이었다. 지금 이곳에 수감된 것이 나에게는 하나님을 만나는 좋은 기회가 되었다. 그리고 아버지가 육체적으로는 떠나셨지만 내 삶에 함께 하심을 받아들일 수 있게 되었다. 나는 사람들을 돕는 것을 좋아한다. 내 삶에 평안이 찾아오면 사람들을 도울 것을 소망한다.

내가 처음 교도소에 왔을 때, 한 교도관이 나에게 "밖에서 그렇게도 할일이 없어서 교도소에 왔어?"라고 물었다. 나는 사실 처음에 밖의 내 삶이 무의미 하다고 생각했다. 그래서 지난 2년 반 동안을 돌아보았는데 무의미 한 삶만은 아니었다. 지난 해 12월 이후로 나는 5살과 6살난 두 명의 어린 아들과 함께 차 사고로 장애인이된 이웃을 돕고 있었다. 그들이 버스 정거장에서 버스에 승차하는 것을 도와 주었고, 약물 치료로 매우 피곤함을 느끼는 그녀를 위해서 오후에 잠잘 수 있도록 도와주었다. 나는 나의 슬픔을 간직하는 것이 아버지를 위한 것이라고 생각하고 살았을 때 나의 삶은 비참했다. 그러나 하나님께서 나를 이곳으로 이끄시고 나 자신을 돌아볼 수 있는 시간을 주심으로써 아버지를 용서하고 평안함을 얻게 해 주셨다. 내 주위에는 나처럼 슬픔에 빠진 사람들이 있다. 나는 그들에게 슬픔에서 벗어날 수 있도록 도움을 줄 수 있기를 희망한다.

지난 삼년 동안 나의 삶을 망친 파괴적 행동들을 이제는 멈출 수 있다. 더 이상 슬퍼하지 않고 하나님을 바라보는 삶을 살 계획이다. 결국 나의 수감은 헛된 것이 아니었고, 이러한 시간을 가짐으로 하나님의 치유함을 받게되었다. 하나님께서 모든 사람들을 축복하시기를 기원한다.

20. 하나님의 임재 - 로즈널 헤이즐우드

나는 모든 것을 가졌고 올바른 삶을 살아가고 있다고 생각했다. 그동안 나는 심각하게 마약을 하지 않았지만 마리화나와 술을 좋아했다. 나는 심각한 위장의 문제로 술을 많이 마시면 안되는 상태였고 나의 친구와 가족 그리고 주치의는 내가 곧 죽을 것이라고 말했다.

나는 그들의 말을 무시했다. 나의 남자 친구는 나의 소중한 시간과 돈을 중독적인 일에 쓰도록 나를 부추겼다. 그 때에는 그런 것이 잘못된 것이라는 것을 깨닫지 못했다. 나를 교도소로 이끈 그 상황이 후에는 나에게 축복이 되었다. 물론 건강이 그 주된 이유였지만, 처음에는 무척 화가 났다. 하지만 얼마 지나지 않아 이곳의 여인들이 나에게 위안을 가져다 주었다. 무엇보다 그들은 주님의 말씀을 전해주었고 나는 매우 우울하고, 혼란스럽고, 상처를 입고 방황하고 있다는 것을 깨닫게 되었다.

하지만 나는 지금 하나님과 더 가까워졌고 기분이 나아졌다. 그런 느낌을 예전에는 가져본 적이 없었다. 나는 이해할 수 있게 해 달라고 하나님께 기도를 드렸다. 내 감방의 페트리샤라는 여인은 내가 가장 먼저 대화를 한 여성이었다. 그녀는 나에게 사모안이라는 여성을 소개 시켜 주었다. 사모안은 매우 친근한 느낌을 나에게 주었다. 사모안은 눈을 왜 가늘게 뜨고 다니냐면서 내 안경이 어디에 있냐고 물었다.

어느 날 내가 영적으로 충만하고 아름다운 로렌과 대화하기 위해서 갔을 때 사모안이 함께 기도하자고 했다. 우리가 기도를 마친 후, 나는 시력이 나아짐을 느낄 수 있었고 사모안에게 그 사실을 말해 주었다. 그 후로 나는 사모안이 인도하는 F동 1400호실의 기도 모임에 참여하기 시작했다. 내가 감방에 처음 오던 날, 한 간수가 나에게 성경책을 건네 주었다. 그 날은 부활 주일이었다. 다른 책을 읽을 수도 있었지만 결국 난 성경책을 선택했다. 감방에 있는 동안 나는 울고 또 울면서 성경책을 집어 들었다. 어릴 때의 몇 가지 일들을 기억했고 더 많이 이해할 수 있게 되었다.

내가 성경을 더 많이 읽을 수록 더 많은 혼란이 찾아오기 시작했다. 하지만 나는 멈추지 않았다. 성경의 내용이 사실이라는 것이 나에게는 매우 흥미로운 점이었다. 그러면서 하나님께서 살아 계시다는 것이 확실히 느껴졌다. 부활절이기 때문에 하나님의 임재를 느끼는 것이라 생각했다. 하지만 내가 F동 1400호실에 왔을 때도 나는 여전히 하나님의 임재를 느꼈다.

내가 처음 기도 모임에 참여 했을 때 사모안은 우리들에게 매일 어떤 종류의 성경이든지 통독 하라고 말했다. 그녀는 마음의 문을 열면 하나님께서 우리에게 오실 것이라고 말했다. 그 후로 나는 밤낮으로 성경을 읽었다. 구약 앞 부분 출애굽기 36장을 읽을 때 나는 더 이상 이해 하기가 힘들었다. 그래서 사모안은 신약 성경을 읽어 볼 것을 권했다.

그 후로 나는 신약을 읽기 시작했다. 또한 그녀는 내가 성경을 계속 읽으면 하나님께서 찾아 오실 것이라고 말했다. 나는 전과는 비교할 수 없는 믿음을 가지게 되었다. 나를 이곳까지 이끄시고 아름답고도 올바른 이들을 만나도록 예비해주신 주님께 감사를 드린다.

나는 변화되었다. 전에는 남자 친구에게 화가 났었지만, 지금은 그를 용서했기 때문에 평안함을 느낀다. 그래도 여전히 마음 속에 아픔을 가지고 있지만, 치유에는 시간이 걸리며 성경말씀은 "그들을 위해 기도하라"라고 가르치신다.

로마서 12장과 13장의 말씀은 나에게 큰 위로가 되었다. 다시 내 삶에 임하셔서 나의 마음과 육신, 그리고 영혼에 이해력과 치유함을 주신 하나님께 감사를 드린다. 내 인생은 새로운 출발을 하게 되었다.

사모안은 나에게 단지 성경을 읽는 것으로 끝나지 말고 행동으로 옮기는 연습을 하라고 제안했다. "우리 각 사람이 이웃을 기쁘게 하되 선을 이루고 덕을 세우도록 할지니라" (로마서 15:2). 선을 행하는 연습은 완벽을 만들고, 내가 세상을 떠날 때에 하나님과 동행하기를 희망한다.

21. 자유 – 에반젤리나 폰스

나는 부모님이 싸우는 것을 많이 보면서 자랐다. 한번은 아버지가 어머니에게 욕을 퍼붓고 목을 졸랐다. 내가 보고 있다는 것을 알아 차린 아버지는 그것을 멈추었다. 그때부터 나는 아버지를 증오했다. 집안에서의 삶은 고통의 삶이었다. 어머니는 손에 잡히는대로 나무가지, 옷걸이, 허리띠, 전기줄 등으로 나에게 육체적 학대를 하기 시작했다. 어머니가 나에게 폭력을 행사 할 때에 나의 남동생이 뒷 마당에서 나를 위해 울었던 것을 기억한다. 나는 사랑과 동정심으로 가득찬 동생의 얼굴을 결코 잊을 수 없을 것이다.

부모님은 마약을 하기 시작했고 곧 아버지는 마약 대금을 빚지기 시작했다. 마약상이 나의 학교에 나타나기 시작했고 그로 인해 나는 공포에 빠졌다. 전에 집에서 본 적이 있는 한 남자가 학교에 와서 나를 차에 태우고 가려 했지만, 나의 어머니가 나타나자 그는 사라졌다. 어머니는 내가 학교에 다니는 동안 쭉 나를 지켜보기 시작했다.

나의 아버지는 노래를 잘 불렀고 매 주말 마다 클럽이나 바에 있었고 때론 주중에도 그 곳에 있었다. 어머니는 피아노 반주를 하였고 그래서 우리들은 보모와 함께 집에 있었다. 보모의 큰딸이 나와 남동생을 추행하기 시작했다. 또 다른 보모의 남편은 나를 추행하고 강간했다. 그 때에 나의 부모님은 무슨 일이 벌어지고 있는지를 모르고 있었다. 아버지가 다시 한 번 불륜을 저질렀다는 사실을 알게 되었을 때 마침내 어머니는 그를 떠났다. 우리도 아버지 몰래 집을 떠났다. 그때부터 나는 더욱 더 아버지에 대한 분노와 화가 치밀어 올랐다. 내가 아버지를 죽이는 꿈을 꾸곤 했던 것을 기억한다. 나는 진정으로 아버지를 죽이고 싶도록 미워했다.

내가 13살이 되었을 때, 어머니는 우리가 사는 곳을 아버지에게 알렸다. 아버지는 우리를 보러 왔지만 나는 만나질 않았다. 그 당시 부모님은 별거 중이었지만, 어머니는 또 다시 아버지의 아이를 가지게 되었다. 어머니는 남동생을 낳았다. 그때까지 아버지가 마약을 하고 있었으며 그 사실을 어머니가 알게 되었다. 남동생이 2살이 되었을 때 아버지는 마약과 차량절도 등등의 혐의로 10년 형을 선고 받았다. 아버지는 편지를 보내 왔지만 나는 신경을 쓰지 않았다.

내가 15살이 되었을 때, 나는 어머니께 내가 추행과 강간을 당한 사실을 말했다. 어머니는 상처를 입었고 왜 그 때에 말하지 않았냐고 물었다. 나는 "엄마, 엄마가 나에게 화를 많이 낼 것이라 생각해서 두려웠어요"라고 말했다. 그녀는 나와 함께 울면서 미안하다고 말했다.

불행하게도 나는 그 당시 좋지 않은 친구들과 어울리기 시작했고 나쁜 일들을 서슴치 않고 했다. 수업을 빼먹고, 싸움질을 하고, 집과 차를 털고, 마리화나를 피우고, 마약을 하면서 술을 마셔댔다. 나는 문제아였다.

어느 날, 한 교회에서 노래를 부르며 자신들의 삶을 간증하며 심방하는 사람들을 만났다. 나는 그 후로 빅토리 아웃리치라 불리는 교회에 다니기 시작했다. 그때부터 나의 인생은 바뀌기 시작했다.

어느 날, 밸이라는 친구는 내가 왜 항상 우울해 보이는지를 물었다.

나는 한숨을 쉬면서 말했다. "나는 아버지를 용서할 수 없어. 아버지가 교도소에서 곧 출소할텐데 그것을 어떻게 받아들여야 할지 모르겠어. 차라리 아버지가 나오지 않고 그 곳에 계속 머물렀으면 좋겠어."

"너는 용서에 대해서 배울 필요가 있어."

나는 화가 나서 그녀를 쳐다 보며 "그건 말도 안돼. 엄마와 가족을 버린 아버지를 용서하려면 오랜 시간이 필요할거야"라고 말했다.

"네가 용서하지 못하는데 어떻게 용서를 받을 수 있니? 예수님께서 어떻게 하라고 가르치셨니? 원수를 사랑하라고 하셨어."

그녀는 말했다. "네가 죄인인 것처럼 아버지도 죄인이야."

나는 많은 상처와 분노를 가지고 있었고 용서하는 것이 힘들다고 말했다.

"네가 용서할 때에 너는 너의 비판적인 태도에 대한 용서함과 하나님께서 너에게 주시기 원하는 자유함을 받게 될 것이야. 증오가 아닌 사랑으로 바꿔주시고 또 네가 용서 못하는 다른 이들을 도울 수 있게 될거야. 용서하는 것은 그러한 가치가 있어. 너의 비탄과 증오, 화와 복수심을 하나님께서 기쁨과 사랑, 깊은 평안함과 동정심으로 바꿀 수 있어."

맞는 말이었다. 나는 마음의 평안함과 자유를 느끼길 원했다. "어떻게 용서하는 법을 배울 수 있을까?"

그녀는 나를 쳐다보며 자신과 함께 기도하자고 했다. 나에게 있어서 용서는 과정이었다.

기도는 다음과 같았다. "아버지, 내가 당신을 사랑하고 섬길 수 있도록 예수님을 보내 주신 것에 감사를 드립니다. 저는 당신이 저를 아끼시며 나의 과거의 상처를 치유하시기 원하심을 믿습니다. 저를 용서하지 못하는 마음에서 자유롭게 되도록 아픈 상처를 치유해 주세요. 하나님의 사랑으로 아버지를 용서 할 수 있도록 도와 주세요. 제가 주님께서 원하시는대로 순종하여 다른 이들을 위해 기도할 수 있도록 도와 주세요. 주님 저를 치유해 주세요. 아멘."

이 기도를 드린 후, 나는 마음에 평안이 왔다. 아버지가 출소한 날을 기억한다. 아버지가 우리를 보러 오는 중이라고 어머니께서 말씀하셨을 때, 나는 어머니 침실의 옷장에 몸을 웅크리고 숨었다. 울면서 하나님께 도움을 구하고 기도문을 몇 차례 읊었다. 어머니가 나와 함께 기도를 하기 위해서 옷장으로 와서 나를 안고 울면서 위로해 주셨다. 내가 마음이 조금 진정이 되었을 때, 아버지가 오셨고 우리는 공원으로 산책을 나갔다. 우리는 한동안 아무 말도 하지 않았다. 아버지는 나에게 항상 우리를 사랑했으며 자신이 부족해서 미안하다고 말했다. 그 말을 듣고 아버지를 쳐다보는데 나의 머리에는 벨의 말이 떠올랐다.

"네가 용서하지 못하는데 어떻게 용서를 받을 수 있니? 아버지를 너 자신과 같은 죄인으로 바라 봐."

그 순간 나는 아버지를 포옹을 하고 "아버지를 용서해요"라고 울면서 말했다. 아버지를 용서함으로써 나는 나의 과거와 어린 남동생이 죽었을 때에 나에게 상처를 준 모든 이들을 용서할 수 있었다. 나는 모든 것에 대해서 아버지를 원망했었다. 아버지가 우리를 제대로 돌보았다면 나쁜 일들이 일어나지 않았을 거라고 생각했기 때문이다. 하지만 아버지를 용서함으로써 마침내 마음에 평안을 찾았다.

나는 사탄이 나의 용서하지 못하는 마음을 이용해서 나를 슬픔, 화, 사랑하지 못함, 분노, 비탄에 사로 잡히도록 했다는 것을 알지 못했지만 용서한 후 내 인생은 변화되었다. 나는 아버지를 사랑했고, 우리는 함께 많은 시간을 보냈고 함께 음악을 하기도 했다. 하나님께서는 나의 인생에 용서를 통해서 진정한 축복을 주셨다. 당신이 용서하는 것에 어려움을 겪고 있다면, 나의 이야기가 당신에게 도움이 되기를 희망한다. 왜냐하면 용서는 그만한 가치가 있기 때문이다. 당신에게 상처를 주는 사람들을 위해서 기도하라. 우리 모두는 완벽하지 않다. 사람들에게 의지하지 말고 하나님을 믿고 의지하라.

22. 가슴 아픔 - 태미 라인하트

나는 20년 동안이나 마약을 한 것 때문에 많은 실수를 했고 나 자신을 결코 용서할 수가 없었다. 34살에 두 번째로 교도소에 들어오게 된 나는 10개월 전에 태어난 나의 첫 아이를 키울 수 없었다. 나의 남자 친구와 나는 우리의 어린 아들을 돌보지 않고 마약을 선택했고, 그 대가를 치루고 있다. 지난 몇 년 동안 교도소에 여러 번 갇혔지만 이번처럼 가슴이 아프고 슬픈 적은 없었다. 처음 교도소에 왔을 때 무릎을 꿇고 하나님께 나를 용서해 달라고 간구했다.

나는 지금도 나의 실수들 때문에 매일 나 자신을 용서할 수 있는 힘과 용기를 얻기 위한 싸움을 하고 있다. 매일 주님께 용서하는 마음을 달라는 간구를 드리면서 내 과거의 생활을 버리기로 약속을 드렸다. 주님께서는 매일 평안과 위안을 주셨다. 천천히 나는 하나님께서 나를 사랑하시기 때문에 나도 자신을 어떻게 용서할 수 있는지를 배우고 있다. 하나님의 뜻에 나 자신을 겸손하게 드렸고 그 결과를 보고 있는 중이다.

하나님께서는 나를 많이 사랑하신다.

기도: "아버지 하나님, 제 마음에 임하신 것에 감사를 드립니다. 저의 잘못된 선택과 실수로 인한 죄책감과 수치심으로부터 해방될 수 있도록 용서하는 마음을 주세요. 제 과거로부터 돌아설 수 있는 힘과 하나님 아버지께만 집중하는 것, 그래서 새로운 피조물이 될 수 있기를 간구합니다. 저에게 제 자신을 사랑할 수 있는 용기와 의지를 주시고 그리고 당신께서 저를 보시는 것처럼 제가 저를 볼 수 있도록 도와 주세요. 주님, 당신을 사랑합니다. 제발 저를 버리지 마세요. 감사 드립니다. 예수님의 이름으로 기도 드립니다. 아멘."

23. 나는 네가 자랑스럽다 - 리사 데이비스

1992년, 나의 남편은 마약 과다 복용으로 죽었다. 그 당시 우리의 아들인 저스틴은 9살이었다. 아버지를 잃은 후 저스틴은 반항적이 되었고 분노로 가득찬 아이가 되었다. 우리가 살던 이웃의 아이들은 나의 아이들을 범죄와 폭력으로 이끌었다. 그들은 차를 훔치고, 마리화나를 피우고, 술을 마셨다.

나의 각성제 중독으로 인해서 애리조나의 피닉스를 떠나 덴버로 이사했을 때 나는 그것이 옳은 결정이라고 생각했었다. 하지만 그것은 정말 내 인생 최악의 선택이었다. 페더럴 가와 28번가에 있는 집을 구했고, 그곳에서 저스틴과 티파니는 각종 사건을 일으키게 되었다. 경찰관이 시시때때로 찾아왔다.

내가 덴버 경찰서에서 전화를 받았을 때 저스틴은 불과 13살이었다. 그는 경찰관과 추격전을 벌였으며 경찰에게서 벗어나기 위해 다리 위에서 뛰어 내렸다. 그의 오른쪽 발목이 부러져서 병원에서 수갑을 찬 채로 침대에 누워 있었다. 정말 충격적이고 슬픈 일이었다. 내 아이가 그런 고통 속에 있는 것을 본다는 것은 가슴이 무너지는 일이었다.

그는 유죄를 선고 받고 18세가 될 때까지 보호 관찰을 받아야만 했다. 그래서 그는 집으로 돌아왔다. 그의 18번째 생일이 되었을 때, 보호 관찰관은 30일의 구류와 함께 보호 관찰을 끝냈다. 그리고 아들은 자유의 몸이 되었는데 그후에 저스틴은 완전히 잘못된 길로 갔다. 그는 차를 훔치고 계속해서 경찰관과의 추격전을 벌였다. 아들은 경찰관이 자신을 따라 올 때에 흥분을 느낀다고 말했다.

나는 아들을 진심으로 사랑한다. 매일 나는 아들이 자살을 하지나 않을까 혹은 심각한 사고를 유발해서 무고한 사람을 다치게 하지나 않을까 걱정했다. 그러던 어느날 내가 걱정했던 대로 어마어마한 큰 일이 벌어졌다. 딸이 내 집 앞에서 등에 7방의 총을 맞았다. 한 남자와 말 다툼 끝에 총을 맞은 것이었다. 그 남자는 딸과 딸의 친구인 크리스토퍼를 잔인하게 죽였다. 나는 병원에서 딸이 괜찮은지를 알기 위해서 기다리고 있었다. 의료진이 와서 딸의 죽음을 알렸을 때, 나는 바닥에 쓰러져서 울부짖으며 아들 저스틴을 불렀다. 그때 시동생이 와서 나에게 저스틴이 추격전 도중 한 여성을 죽였고 어떤 경찰관이 그의 총에 맞았다고 말했다. 너무 큰 충격으로 내 귀에는 경찰관이 누가 딸에게 총을 쏘았는지를 묻는 소리만 들릴 뿐이었다. 나는 대답도 못했다.

그때부터 나는 혼란에 빠져 정신없는 사람처럼 방황했다. 2004년 9월 11일과 12일, 단 이틀만에 나의 아이 둘을 잃은 나의 마음에 치유가 필요했다. 티파니의 무덤에 가서 우는 것과 저스틴을 면회 가는 외에는 나의 삶이 어떻게 돌아가는지도 알 수 없었다. 내가 교도소에 수감되기 전까지는 매일을 슬픔과 눈물 속에서 살았다.

나는 『치유, 사랑하는 이들을 잃은 사람들을 위하여』라는 책을 읽었다. 그 책은 딸이 천국에서 예수님과 함께 있다는 사실을 깨닫도록 해 주었다. 하나님께서는 나와 47년 형을 받고 주립 교도소에 복역 중인 내 아들 저스틴과 세상을 떠난 두 명의 아름다운 소녀들을 위해 기뻐하라고 말씀하셨다.

저스틴은 어릴 때에 교회에 종종 가곤 했지만 아버지를 잃은 후 아픔속에서 방황하면서 세상에서 길을 잃었었다. 그러나 놀라운 것은 그가 교도소에서 하나님을 다시 찾게 되었다는 것이다. 자신의 삶을 하나님께 드렸고, 항상 예배에 참석하고 고등학교 검정고시를 합격하여 나를 기쁘게 했다. 하나님을 만난 것으로 인해서 저스틴의 마음에는 사랑이 있고 삶을 사랑하는 것을 배우고 있다. 그는 자신의 가족과 4살된 딸을 매우 소중하게 여긴다.

나는 그 어떤 것도 우리를 하나님의 사랑에서 떨어 뜨릴 수 없음을 확실하게 알고 있다. 바울은 "내가 확신하노니 사망이나 생명이나 천사들이나 권세자들이나 현재 일이나 장래 일이나 능력이나 높음이나 깊음이나 다른 어떤 피조물이라도 우리를 우리 주 그리스도 예수 안에 있는 하나님의 사랑에서 끊을 수 없으리라"(로마서 8:38~39)라고 썼다.

"저스틴, 나는 널 사랑한다. 티파니, 나는 널 사랑한다. 너희 둘을 하나님께 드린다."

졸업식에서 찍은 아들의 환한 미소를 보는 것만으로도 나는 행복함을 느낀다. 나의 모든 손주들은 곧 나의 기쁨이며, 나를 사랑한다. 지금 저스틴은 26살이 되었고, 그는 나와 내 가족에 대한 하나님의 사랑을 알게 해주었다. 그는 나에게만 영적인 도움을 준 것이 아니라 감방의 재소자들에게도 영감을 주었다. 나는 내 아들을 하나님께 드렸다.

"저스틴. 나는 네가 갇혀있는 동안 한 일들에 대해서 자랑스러움을 가지고 있단다. 나는 네가 여전히 의지를 가지고 꿈을 이루기 위해서 앞으로 나아가는 것에 감사한단다."

"하나님 감사합니다. 아멘."

교도소에 있는 동안 하나님에 대해서 읽은 모든 책을 통해서 나는 내 딸의 죽음과 관련된 모든 사람들을 용서했다. 아멘. 우리의 모든 과거의 잘못과 실수도 하나님께서 용서하셨다고 믿는다.
 이 글은 예수님, 하나님 아버지, 그리고 성령님, 또한 목사님과 그녀의 책 『치유』에서 얻은 영감으로 쓰여졌다.

2장
설교와 묵상

1. 용서의 거리 - 케이시 콜리어

 인생에서 길을 잃은 것 같은 느낌이 든 적이 있는가? 우리가 매일 접하는 삶의 문제들을 도울 수 있는 안내 표지판이 있다면 근사하지 않겠는가? 하지만 그것은 말처럼 쉬운 일이 아니다. 그러나 실지로 우리를 옳은 방향으로 갈 수 있도록 돕는 나침판이 되는 "안내 책자"가 있다. 그것이 바로 성경이다. 성경은 길 잃는 사람들이 어떻게 길을 찾았다는 이야기들이다. 그 안내는 주로 두 가지 길의 방향에 초점을 두고 있다. 천국으로 가는 길 아니면 지옥으로 가는 길.
 자, 당신이 어디로 향하고 있는 가에 따라서 거리의 신호등은 매우 다른 양상을 가지게 된다. 당신이 천국에 가기를 원한다면, 당신의 방향은 사랑의 거리, 친절 법원, 동정의 거리 등등의 거리들을 포함할 것이다. 하지만 당신이 반대의 길로 가고 있다면, 안내 책자는 죄악의 굴레, 불륜의 거리, 욕망의 도로 등등의 거리로 여행하는 것을 경고할 것이다. 여행자들이여, 시간을 낭비하지 말라!
 성경을 다시 집어들기 전까지 나는 희망이 없는 거리에서 오랫동안 방황했다. 성경을 읽으면서 새로운 인생 지침을 가지게 되었다. 나는 앞으로 펼쳐질 나의 "삶의 안내"를 얻기 위해서 "안내 책자"의 조언을 따르기로 했다.
 더 나은 인생을 찾기 위한 성경은 최고의 여행 안내자에 대한 이야기를 한다. 그 분의 이름은 바로 예수 그리스도이다. 예수님께서는 자신을 그들의 삶에 영접하기를 간구하는 이들을 인도하시기 원하시며 또한 그들의 죄로부터 그들을 구원하시기 원하신다. 지금 예수님은 나의 "삶의 가이드" 일 뿐만 아니라 나의 주님이자 구원자이시다. 그 분에 대한 나의 믿음은 내가 이 세상에서 지은 죄를 용서받았고 내가 더 이상 방황하지 않아도 된다는 확신을 주셨다.

당신이 "삶의 가이드"를 만나고 싶다면 "용서의 거리"에서 출발하라. 그 거리는 예수님과 함께 시작되며 천국으로 가는 길이다. 그 거리는 갈림길이 많은 매우 긴 길이다. 그리고 어떤 길을 선택하고 걸어 가느냐에 따라서 우리의 아버지가 계신 영광의 집에 이를 수 있는지가 결정될 것이다.

나는 지옥으로 가는 길인 "죄악과 죽음의 거리"로 오랫동안 걸어가고 있었다. 나의 여행은 매우 어려운 길이었고 때때로 길을 잃고 절망감도 들었지만, 주님의 인내심과 성경이 옳은 길을 다시 찾도록 도움을 주었다. 그래서 희망이 없이 방황하는 대신 "용서의 거리"에서 성경을 손에 쥐고 예수님을 따라가기 시작했다.

먼저 알아야 할 것은 "용서의 거리"로 들어가는 길을 인도하는 것은 먼저 "겸손의 고속도로"를 타야한다는 것이다. 나의 처음 갈림길은 "수용의 거리"였고 그 거리를 지나자 마자 나는 몇 차례 비틀거렸지만 가장 힘난한 길인 "보상의 거리"에 도달했다. 그 길이 바로 오늘 내가 있는 곳이다.

당신이 인생에서 길을 잃고 방황하고 있다면, 안내 책자 중 가장 위대한 책인 성경책을 추천한다. 그 책의 저자는 단지 우리 창조주이신 것만이 아니다. 그는 "삶의 가이드"의 아버지이기도 하다. 사랑을 받고 "용서의 거리"를 찾을 수 있는데 왜 방황하는가?

2. 예수님 – 찰스 프레드릭

나는 성령께서 창세기부터 요한계시록까지 한 분에 대해 가르치신다고 믿는다. 이 분은 하나님이시고 바로 주 예수 그리스도이다. 그 분이 바로 모든 상황을 통제하실 수 있고 모든 이들에게 존경과 경배를 받으시기에 합당한 분이시다. "예수"라는 이름은 "여호와 구원자"를 뜻한다. 그리고 "그리스도"란 이름은 "메시야"라는 히브리 형태의 그리스어로서 기름부음을 받은 곧 오실 왕이란 뜻이다.

곧 오실 주님을 아름답게 예언하는 구약 성경의 이사야서 53장을 보자. 이사야서 53장은 "우리가 전한 것을 누가 믿었느냐 여호와의 팔이 누구에게 나타났느냐"라고 시작한다. 이사야 53장의 처음부터 끝까지 살펴 본다면, 당신은 그가 말하고 있는 사람들이 누구인지를 알 수 있을 것이다. 이사야는 우리 "죄인들"에 대해서 이야기를 하고 있다. 그렇다. 우리 모두는 "죄인"이다. 하지만 그것이 우리가 원하는 바를 마음대로 할 수 있도록 하는 공짜 티켓을 주는 것은 아니다.

하나님의 자녀로서 우리는 (로마서 8:14) 우리의 아버지를 위해 의로운 삶을 살 필요가 있다. 시편에서는 두 명의 다른 남자들을 이야기하고 있다. "의로운 사람"과 "그렇지 못한 사람." "복 있는 사람은 악인의 꾀를 따르지 아니하며" (시편 1:1). 하나님을 위해서 살지 않는 사람을 따라가면, 당신도 잘못된 삶을 살아 가게 될 가능성이 있다.

하나님을 전심으로 찾지 않는 사람과 어울리면, 당신은 잘못된 군중과 어울리고 있는 것이다. 당신은 다음의 두 구절을 따르는 의로운 사람들을 찾을 필요가 있다. "하지만 그의 기쁨은 주의 법 안에 있고 그의 법을 그는 매일 밤낮으로 묵상한다." 무엇이 주님의 법인가? 그것은 하나님의 말씀 곧 "성경"이다. 하나님께서는 밤 낮으로 성경을 묵상하라고 말씀하신다. 다시 말해서 우리는 하나님의 말씀을 암송해서 하나님께 순종하고 성스러운 삶을 살아야 한다. "내가 주께 범죄하지 아니하려 하여 주의 말씀을 내 마음에 두었나이다" (시편 119:11). "주의 말씀은 내 발에 등이요 내 길에 빛이니이다" (시편 119:105).

하나님의 말씀은 우리의 지침이요. 우리는 그것을 밤 낮으로 묵상하고 상고해야 한다. 시편 1편 3절을 통해서 하나님께서 말씀 하시는 바가 무엇인가?

"그는 시냇가에 심은 나무가 철을 따라 열매를 맺으며 그 잎사귀가 마르지 아니함 같으니 그가 하는 모든 일이 다 형통하리로다" (시편 1:5). 시냇가는 하나님의 말씀이다. 그것이 바로 우리가 시냇가에 심은 나무와 같다고 한 이유이다. 왜냐하면 우리의 뿌리는 인생의 시냇물, 즉 하나님의 말씀을 통해서 자랄 것이기 때문이다. 그렇게 할 때 우리는 모든 것을 극복할 수 있을 것이다 (고린도전서 10:13). 시편 1편의 후반절은 의롭지 못하면 어떻게 벌을 받게 될 것인지에 대한 이야기이다.

이제 이사야 53장 1절로 돌아가보자. "누가 믿었느냐…" 형제들이여, 우리의 희망은 그리스도를 믿는 것에 기초한다. "믿음은 바라는 것들의 실상이요 보이지 않는 것들의 증거니" (히브리서 11:1). 불신앙은 우리를 잘못된 길로 인도할 것이다. "여호와의 팔이 누구에게 나타났느냐?" 성경에서 "주님의 팔"을 말할 때 그것은 주님께서 주님의 백성을 돕고 계심을 의미한다. 다시 말해서 하나님께서는 전능하신 방법으로 사람들을 돕기 위해서 자신의 아들에 대한 예언을 말씀하셨다. 그리고 하나님과 영원히 떨어지는 영적 죽음으로 이끄는 죄로부터 우리를 구원하시려는 계획을 세우셨다. 당신이 예수님께서 이 세상에 오셔서 당신의 죄를 위해 죽으셨다는 것을 믿는다면, 예수님을 당신의 마음에 주님이자 구원자로 받아들일 수 있기를 간구하라.

두번째 구절은 "그는 주 앞에서 자라 나기를 연한 순 같고 마른 땅에서 나온 뿌리 같아서 고운 모양도 없고 풍채도 없은즉 우리가 보기에 흠모할 만한 아름다운 것이 없도다"이다. 그렇다. 예수께서는 자신의 아버지께 연한 순이셨다. 우리가 천국에 갈 수 있도록 하기위해 하나님께서는 자신의 너무나 사랑하는 아들을 십자가에서 죽도록 하셨지만, 그러한 은혜를 받은 우리는 누구인가? 예수님께서는 자신의 아버지께서 자신을 사랑한 것처럼 우리를 사랑하셨다 (요한복음 15:9). 우리가 더 이상 어떤 것을 요구할 수 있는가? "마른 땅에서 나온 뿌리" 예수께서 하나님의 아들이면서도 인간인 마리아에게서 태어나신 것은 오직 성령의 능력으로 이것이 가능했다. 예수께서는 우리와 같은 인간으로 오신 것이다. "아버지는 나보다 크심이라" (요한복음 14:28).

세번째 구절은 "그가 멸시를 받아 사람들에게 버림 받았으며"이다. 지금 이 세상의 불신자들은 하나님과 그를 따르려는 사람들을 조롱한다.

"간고를 많이 겪었으며 질고를 아는 자라." 그가 견딘 고난은 우리를 위한 것이었다. 그리고 그의 슬픔과 아픔은 우리가 구원을 얻도록 하기 위한 것이었다. 그런데 우리는 어떻게 했는가? 우리는 그를 버렸다. "사람들이 그에게서 얼굴을 가리는 것 같이."

우리는 매일 하나님의 복음을 선포해야 한다. 잡지나 TV, 혹은 미식축구 경기등 이 세상의 것들에 집중하는 것에서 벗어나 하나님의 증인이 되는 것을 시작해야 한다. "멸시를 당하였고 우리도 그를 귀히 여기지 아니하였도다." 왜? 그랬는가? 왜? 형제여, 그가 우리의 죄를 용서하기 위해서 자신의 모든 것을 주셨을 때 우리는 그 분이 하신 모든 것을 이해하지 못했다.

네번째 구절은 "그는 실로 우리의 질고를 지고 우리의 슬픔을 당하였거늘"이다. 그리스도께서는 우리의 아픔, 상처, 슬픔과 우리가 한 일을 치유하기 위해서 오셨다. "우리는 생각하기를 그는 징벌을 받아 하나님께 고난을 당한다 하였노라." 예수님이 잘못을 해서 매를 맞은 것이 아니다. 예수님을 때린 사람들은 그분이 죄가 없는데도 죄인 취급을 했다. 그분께서 견디신 것은 바로 우리의 죄를 위해서였다.

다섯번째 구절은 "그가 찔림은 우리의 허물 때문이요 그가 상함은 우리의 죄악 때문이라 그가 징계를 받으므로 우리는 평화를 누리고 그가 채찍에 맞으므로 우리는 나음을 받았도다"이다. 우리는 우리의 주님이시자 구원자가 오셔서 죽음의 죄 값을 치르셨기 때문에 우리가 죄악으로부터 치유함을 받은 것이다. 얼마나 위대하고 희생적인 헌신이신가!

여섯 번째 구절은 "우리는 다 양 같아서 그릇 행하여 각기 제 갈길로 갔거늘"이다. 하나님께서 우리를 위해 하신 일을 보고 자신의 길이 아닌 하나님의 길을 걸어야 한다. "여호와께서는 우리 모두의 죄악을 그에게 담당시키셨도다." 우리가 하나님께서 우리에게 무엇을 말씀하고 계신지를 듣기만 한다면 이 말씀은 이해하기 쉬운 것이다.

일곱 번째 구절은 "그가 곤욕을 당하여 피로울 때에도" 이다. 이 예언은 그리스도께서 오시기 700여년 전에 쓰여진 것이지만 정말 정확하고 그대로 이루어졌다. 하지만 그 당시에 누가 그 말을 믿었을까? "그의 입을 열지 아니하였음이여" 당신은 왜 예수님께서 아무 말씀도 하지 않으신지 아는가? 왜냐하면 예수님께서는 그것이 아버지의 뜻임을 알고 있었기 때문이다. 당신은 하나님의 뜻 안에 있는가? 당신이 자신에게 정직하다면 알 것이라 생각한다. "마치 도수장으로 끌려가는 어린 양과 털 깎는 자 앞에서 잠잠한 양 같이 그의 입을 열지 아니하였도다." 우리의 주님은 짐승과 같이 취급을 받았다.

여덟 번째 구절은 "그는 곤욕과 심문을 당하고 끌려 갔으나 그 세대 중에 누가 생각하기를 그가 살아 있는 자들의 땅에서 끊어짐은 마땅히 형벌 받을 내 백성의 허물 때문이라 하였으리요"이다. 예수께서 하나님의 아들이란 것을 누가 선언했는가? 나는 "그가 땅에서 끊어짐"이라는 말에 그것이 예수께서 "엘리 엘리 라마 사박다니" 하시니 이를 번역하면 "나의 하나님, 나의 하나님 어찌하여 나를 버리셨나이까" (마가

복음 15:34) 울부짖으셨을 때 그 일이 일어난 것이다. 누구의 백성의 허물로 형벌을 받아야 했는가? 하나님께서는 "내 백성"이라고 말씀하셨다. 예수님께서는 우리들을 위해서 죽으셨다.

아홉번째 구절은 "그의 무덤이 악인들과 함께 있었으며 그가 죽은 후에 부자와 함께 있었도다"이다. 이 구절은 예수님을 무덤에 두었을 때의 말이다. 그 시절에는 오직 부유한 자들 만이 무덤을 가질 수 있었다. "그는 강포를 행하지 아니하였고 그의 입에 거짓이 없었으나" 예수께서는 오직 진실을 보이셨고 거짓을 말씀 하시지 않았다. 인간이 진실을 원하지 않았을 뿐이다. 심지어 오늘날에도 사람들은 여전히 예수님의 말씀의 진실을 믿지 않는 사람들이 있다.

열번째 구절은 "여호와께서 그에게 상함을 받게 하시기를 원하사 질고를 당하게 하셨은즉 그의 영혼을 속건 제물로 드리기에 이르면"이다. 예수님은 우리의 죄를 용서하기 위한 제물 곧 희생양이었다. 구약에 나오는 것처럼 양이 아니라 예수님께서 제물로 바쳐진 것이다. 그것이 바로 요한이 "보라 세상 죄를 지고 가는 하나님의 어린 양이로다" (요한복음 1:29)라고 말한 이유이다. "그가 씨를 보게 되며 그의 날은 길 것이요 또 그의 손으로 여호와께서 기뻐하시는 뜻을 성취하리로다." 얼마나 희망이 있는 아름다운 예언인가?

열한번째 구절은 "그가 자기 영혼의 수고한 것을 보고 만족하게 여길 것이라"이다. 예수님의 삶은 세상의 모든 죄를 위한 희생이었다. 하나님의 지식은 인간의 지식과 비교할 수 없다 (이사야 55:8~9). "자기 지식으로 많은 사람을 의롭게 하며 또 그들의 죄악을 친히 담당하리로다." 하나님의 지식은 우리가 의로운 삶을 살게 인도해 준다. 이 지식은 예수님에게서 오는 것이다. 이 의로운 지식을 주는 예수님을 믿는 자는 누구나 죄 사함을 받을 것이다 (로마서 3:24). 당신이 예수님을 믿고 용서를 구하는 순간 당신은 천국에서 영원히 살 수 있는 구원을 받은 것이다. 더 이상 무엇을 우리가 요구할 수 있겠는가?

열두번째 구절은 "그러므로 내가 그에게 존귀한 자와 함께 몫을 받게 하며 강한 자와 함께 탈취한 것을 나누게 하리니 이는 그가 자기 영혼을 버려 사망에 이르게 하며 범죄자 중 하나로 헤아림을 받았음이니라. 그러나 그가 많은 사람의 죄를 담당하며 범죄자를 위하여 기도 하였느니라"이다. 예수께서는 오늘도 그를 믿는 사람들을 위한 중보의 기도를 하고 계시다. (히브리서 7:25).

예수님께서는 이 땅에 오셔서 죽기까지 아버지께 순종하셨다. 천국에서의 지위를 버리고 이 땅에 오셔서 당신과 나를 위해 죽으셨으니 우리가 어떤 더 큰 사랑을 요청할 수 있는가? 예수께서는 당신을 사랑하신다. 그는 당신을 위해 죽으셨다. 예수님을 믿어라! 당신 자신의 지혜에 의존하지 말고 예수님을 믿고 그 분을 위해 살아라. 예수께서는 당신을 가장 좋은 길로 인도하실 수 있다.

"너는 마음을 다하여 여호와를 신뢰하고 네 명철을 의지하지 말라. 너는 범사에 그를 인정하라 그리하면 네 길을 지도하시리라" (잠언 3:5~6).

3. 메신저 - 리처드 슈미텔

나는 45살이고, 새 인생이 지금 막 시작되었다. 나는 많은 세월을 낭비하며 살아왔다. 나는 세상의 흐름을 따라 살아왔다. 그럴 때 우리는 진정 무엇을 이루는가? 그 모든 것들은 다 부질 없는 것들이다.

나는 가족과 나에게 소중한 모든 것들을 파괴하면서 세월을 보냈다. 나는 처음으로 회개의 기도를 드렸다. 나는 진정으로 나의 죄에 마음 아파했고 내가 한 때 사랑했던 세상 것들에 대한 욕망에 대해 회개 했다. 하나님께서 나에게 오셨고,

하나님의 아들 예수 그리스도가 십자가에서 흘리신 피로써 나를 깨끗하게 치유하셨다. 그것이 바로 나의 새로운 시작, 그리스도 안에서 다시 태어남이다.

나는 39개의 전과를 가지고 있고, 다른 카운티에서는 더 많은 전과가 있다. 이런 나를 예수님께서 평안을 주시고 새 변화의 삶을 주셨다. 나는 그 분의 뜻이 이루어질 것을 안다. 예수님께서 나에게 알려주신 것은 내가 교도소에 있지만 나는 죄수로 교도소에 살지 않고 대신 수감자들을 위한 사역자로 섬길 것이라는 것이다. 그것이 하나님의 뜻이라면, 나는 교도소 채플린도 될 수 있을 것이다. 내가 예수님의 사랑을 확신하지 못한다면, 믿음을 잃고 의심했을 것이다. 내가 믿음을 지키기 위해서 어떻게 기도를 드려야 할까? 하나님께서 원하신다면, 나는 그 분의 뜻에 따라서 용서와 영생에 대한 메세지를 전하는 것을 망설이지 않을 것이다.

하나님의 말씀은 추수할 것은 많으나 추수할 일꾼은 적다고 말씀하신다. 그 말씀이 너무 슬퍼서 눈물이 나왔다. 왜 모든 이들이 우리 주 예수 그리스도의 사랑과 용서하심을 구하지 않는지 모르겠다. 나는 단지 나의 빛이 하나님께서 나의 삶을 인도하시는 것처럼 밝게 빛나기를 기도 드릴 뿐이다. 나는 그의 인도하심이 기대가 된다. 나는 내가 결코 완벽해 질 수 없다는 사실을 안다. 하지만 내가 원하는 것은 그리스도를 통해 용서받고 더 이상 죄를 짓고 싶지 않다는 소망이다.

하나님께서는 나에게 주님의 사랑을 전하는 임무를 주셨다. 그 임무는 그리스도를 섬기는 것이다. 나는 기쁨으로 그 일을 감당할 것이다. 하나님께서 나에게 주신 사랑은 용서의 선물이었다. 나는 그것을 모든 이들과 함께 나누고 싶은 소망이 있다. "나는 예수를 믿지 않아"라던가 "그 성경과 함께 내 눈앞에서 사라져"라고 말하는 이들을 보면 나는 마음이 갈기갈기 찢어지고 울고 싶은 심정이다. 나는 하나님의 말씀을 듣는 것이 우리 각자가 자신의 내면과 죄악들을 보게 만든다고 생각한다. 예수님께서는 진정으로 나를 바꾸셨다. 어떤 이들은 그것을 보지 못할 수도 있고 다른 이들은 내가 변화된 것은 교도소에 있어서 그런 것이라고 말할 수도 있다. 하나님께서는 나의 마음을 알고 계신다. 나는 하나님의 아들이다. 나는 길을 잃었고, 여전히 영적인 싸움을 하는 중이지만, 오직 하나님만이 평안함을 주실 수 있다는 것을 안다.

삶의 어려움을 통해서 내가 배운 것은 바로 "주님의 사랑"과 "용서하심"이었다. 하나님께서는 내 삶의 많은 부분을 치유하셨지만 가장 큰 변화는 나의 마음의 변화였다. 나는 주님을 의지하고 의로운 삶을 살기 위해서 매일 매순간 싸우고 있다. 우리는 주님께 완전히 모든 것을 내려 놓아야 한다. 우리가 이기적인 삶을 살고 하나님을 외면할 때 우리는 실패할 수밖에 없다. 당신이 예수님께 의지할 수 있도록 당신 자신을 내려놓고 모든 것을 그리스도께 의지하라.

나는 매일 아침 예수 그리스도와 함께 깨어난다. 얼마나 아름다운 일인가! 어떤 이들은 내가 미쳤다고 생각할 것이다. 나는 가슴에 성경책을 얹고 잠을 잔다. 또한 내 가족의 사진을 성경책에 끼워두고 있다. 나는 그것이 나의 마음을 항상 주님께 두게 된다고 생각한다. 나는 일어나면 먼저 기도를 드린다. 나는 하나님께 말씀의 지혜를 구한다. 목회자가 되는 것이 나의 꿈이다. 나는 목사가 될 수 있는 학위나 자격증을 가지고 있지 않다. 그러나 하나님의 말씀이 나의 마음과 영혼에 임하신다.

지금 나는 예수 그리스도를 소개 하고자 한다. 내가 알고 있듯이 나의 연약함에도 그의 사랑이 임하셔서 나를 사용하실 수 있다는 것을 보여 주셨다. 하나님의 말씀이야말로 나의 주된 관심사이다. 예수는 희망이 거의 없어 보이는 어두운 세상의 빛과 같다. 당신이 지금 그 어떤 고난을 당하는 중이라도 그 모든 것을 하나님께 드려라. 그리스도를 통해서 모든 것은 극복할 수 있다. 지금 나는 하나님을 사랑하고 목적의식을 가졌다. 매일 아침 일어나면, 나는 하나님께 오늘은 나와 무엇을 하실 것인지를 여쭙는다. 우리가 사는 곳은 힘든 곳이지만, 나는 주님을 섬기기로 결정을 했다.

1월 7일, 나는 제퍼슨 카운티의 법정으로 갔다. 지난 달 30일까지는 공판일이 정해지지 않았었다. 한 재소자에게 예수님을 전할 수 있는 기회가 있었다. 그래서 자신의 삶을 예수님께 바친 한 형제를 보았고, 그것은 나를 매우 기쁘게 했다. 하나님께서 나를 사용 하셔서 하나님의 사랑을 그토록 풍성하게 나눌 수 있도록 하심에 감사드렸다. 순종을 통해서 하나님의 축복을 받았음을 느낄 수 있었다.

아담스 카운티에 돌아온 후 다시 교도관은 나에게 짐을 싸서 제퍼슨 카운티 교도소로 가라고 말했다. 어쨌든 나는 그곳으로 가야만 한다. 내가 그곳에 있을 때 한 번은 8시간 동안 대기 감방에 있었던 적이 있다. 그리고 나는 다른 수감자들과는 달리 감방 2층으로 올라갔다. 교도관이 나에게 "너는 바로 최고 보안 감방인 6B시설로 갈거야"라고 말했다. 나는 전에 그곳에 있었던 적이 있었다. 하나님께서 나를 크리스라는 문제가 있는 한 남자와 함께 있게 하셨다.

내가 법정 출두를 위해 이곳에 있던 몇 주 전에 나는 크리스를 만났었다. 지금 하나님께서 나를 그의 감방에 넣으셨다. 그의 믿음은 흔들렸고, 그는 매우 침울하고 무력함을 느끼고 있는 중이었으나 하나님께서 나를 그에게로 데려 온 것을 매우 기뻐했다. 하나님께서는 우리를 항상 사랑하시며, 그는 우리가 깨달을 수 있는 것보다 더 큰 사랑을 우리에게 주신다. 그 분의 계획은 위대하고도 영광스러우며, 우리가 상상할 수 있는 것보다 훨씬 크다. 하나님께서는 나를 사용 하셔서 자신의 사랑을 크리스와 함께 나누도록 계획 하셨고, 그의 삶에 새 희망이 생기도록 하셨다. 크리스와 나는 성경을 읽고 함께 기도했다. 하나님의 사람들이 교제하는 것이 얼마나 아름다운가!

첫 날, 우리가 젊은이라고 부르는 22살의 청년이 나와 함께 앉았고, 성령께서는 하나님의 말씀을 그에게 설명하도록 이끄셨다. 그리고 우리 둘은 성령의 축복과 충만함을 받았다. 점호 후, 저녁에 나는 하나님께서 나를 이곳에 메신저가 되라고 보내신것을 깨달았다. 그것은 내 인생에 있어, 아버지의 사랑을 확신하는 기회가 되었다.

다음 날, 하나님께서는 나에게 매우 기쁜 일을 계획하셨다. 지미라는 남자가 나에게 와서 크리스에 대한 이야기를 나누면서 말했다. "나는 성경을 많이 읽었지만, 내가 구원을 얻었는지를 모르겠어."

그말을 듣자마자 나는 그에게 구원을 전할 수 있는 기회가 왔다는 것에 흥분이 되었다. 내가 왜 그곳에 있는지 어떻게 하나님께서 나의 길을 인도하실 것인지를 즉시 알게된 것이다. 우리는 지미의 감방으로 가서 그의 구원을 위해 기도를 드렸고, 나는 한 남자가 죄로부터 구원을 얻은 사실에 증인이 되었다. 그 기쁨을 어떻게 설명할 수 없었다.

한사람이 자신의 죄와 이 세상으로부터 구원을 얻은 것을 보았을 때 느끼는 환희는 말로는 설명할 수가 없다. 그날 밤, 나는 그 이야기를 크리스와 함께 나누었고, 우리는 성경책을 좀 더 읽고, 우리의 길에 하나님의 자녀들과 함께 여행하는 것처럼 크리스에게도 하나님께서 함께 하시기를 기도 드렸다.

무릎을 꿇고 기도를 드리던 중에 나는 예수 그리스도를 너무나도 깊이 사랑하며, 그의 말씀을 더욱 더 전하기를 간절히 원하는 마음이 들었다. 나는 하나님을 전하기에 부족한 사람이나 하나님께서는 나를 사용하셨다는 사실에 나는 진정으로 행복함을 느꼈다. 하나님께서는 나같은 쓸데없는 사람에게도 주님을 위해서 일할 수 있는 기회를 주셨다. 나는 나 자신을 용서했고, 내가 가장 존엄하신 하나님의 자녀라는 사실을 받아들일 수 있게 되었다. 여전히 많은 면에서 연약함에도 불구하고 나는 하나님의 말씀을 설교할 준비가 되어 있다. 하나님이 원하신다면 부르심을 받고 섬길 수 있다는 것을 알고 있다. 나는 이 시간들을 그리스도와 함께 성장하는 것과 나의 책을 쓰는 것, 그리고 예수님께 기도를 드리고, 예수님과 더욱 더 가까워지는 것으로 보낼 것이다.

나는 예수님으로 인해서 많은 은혜를 받았다. 그리스도께서는 자신의 자녀를 사랑하신다. 순종을 통해서 우리는 그리스도 안에서 성장할 수 있다. 우리가 더 많이 주님께 의지 할수록, 하나님께서는 우리를 더 잘 인도하실 수 있다. 우리 구원자께 신뢰를 보내면 그 분은 우리에게 놀라운 기적이 일어나게 하시고 우리를 책임져 주심을 깨닫게 될 것이다.

내가 오랫동안 저지른 실수가 바로 나의 가족을 하나님보다 더 소중하게 여긴 것이다. 그리스도를 당신의 개인적 구원자로 영접했다면, 당신의 삶과 사랑하고 소중히 여기는 모든 것들을 그분께 내려놓아야한다. 하나님께서는 우리를 치유하셔서 우리의 인생을 새롭게 하실 것이다. 하나님의 나라를 세우기 위해 당신이 내려 놓는 모든 것을 하나님께서는 100배로 채워 주실 것이다. 하나님을 의지하면 우리를 인도하실 것이다.

당신이 아직도 그리스도를 구세주로 영접하지 않았다면, 하나님께 기도드려라. "나의 아버지, 당신은 나를 위해 당신의 아들을 주셨습니다. 주님의 보혈은 나를 정결케 하셨고, 주님은 저의 구원자이십니다. 제발 저의 죄를 용서하사 저의 상처를 치유해 주세요. 저에게 주님의 평안과 사랑의 마음을 주세요. 저의 인생을 예수님께 바칩니다. 아멘."

4. 가장 큰 선물 "용서" – 리로이 헌팅턴

자신의 어머니를 진정으로 사랑한 한 소년이 있었다. 어머니는 그에게 가장 중요한 사람이었기에 그는 어머니를 믿었다. 그러던 어느 따스한 봄 날에 모든 것이 바뀌었다. 그는 어머니와 함께 사촌 집을 방문했다. 떠나기 전에 어머니는 "곧 돌아오마"라고 말씀하셨다. 하지만 그 '곧'은 결코 오지 않았다. 그의 실망은 "용서하지 못하는 마음"을 낳았다.

세월이 흘러 그 소년은 인간 관계에 있어서 믿지 못하는 남자가 되었다. 그래서 그는 마침내 할머니를 찾아갔고 조언을 구했다. 할머니는 자신의 마음을 손자에게 열었고 그 때 그에게 치유함과 회복이 시작되었다.

여기 그 대화 내용이 있다.

"얘야, 나는 너의 상처 입은 마음을 알고 있단다. 하지만 너는 그런 증오의 마음을 품어서는 안된다."

"할머니, 어떻게 엄마가 나를 그렇게 버릴 수 있어요?"

"하나님께서는 우리 모두를 용서하셨음을 너는 알고 있지 않니?"

"저는 어머니를 용서할 거예요. 하지만 어머니가 저에게 한 일을 절대로 잊어버리지 않을 거예요."

"그럼 너는 여전히 증오심을 품고 있는 것이고, 용서를 하지 못한 것이다."

"저는 예수님이 아니에요. 저는 위선자가 되기 싫어요. 사실을 사실대로 말하는 거예요."

"이렇게 생각해 보렴. 너는 증오로 가득 찬 마음으로 너 자신을 망치고 있을 뿐이야. 증오심을 가슴에 품고 있는 것은 너를 약해지도록 만들어. 하나님의 자녀로서 우리는 하나님이 우리를 사랑하시는 것처럼 모든 이들을 사랑해야만 한단다. 네가 용서할 때에 너에게 상처를 준 이들을 불쌍하고 측은하게 여길 수가 있단다. 너는 증오 대신 사랑을, 악함 대신 선함을 돌려 주어야만 해. 그것이 너의 마음의 방을 넓혀서 큰 마음을 가질 수 있도록 할 것이야. 그렇게 하므로 너는 모든 이들을 사랑할 수 있는 충분히 큰 마음의 방들을 가지게 되는 것이지. 그렇게 되면 너의 가슴은 더 넓어져서 진정한 사랑으로 세상을 사랑할 수 있게 될 거야! 반면, 네가 증오를 계속 품고 있을 때, 네 마음의 방은 점점 작아져서 너의 마음을 너무나 쥐어짜서 사람들에게 화가 난 채로 있게 되고, 항상 처방약이 필요한 것처럼 가슴에 통증과 아픔을 느끼게 될 것이야. 하지만 사랑의 마음을 갖게 되면 결코 의사가 필요하지 않단다."

그 순간 나의 마음에 빛이 들어왔다. 하나님께 찬양을 드린다. 나는 내가 진정 축복을 받았고, 사랑이야말로 사람이 줄 수 있는 유일한 것이며, 용서하는 것이 절대적으로 필요하다는 것을 배웠다. 사랑하는 마음으로 마음을 열어 당신의 인생에 관련된 모든 이들을 따뜻하게 용서하는 마음을 가져라. 하나님께서 당신들 모두를 축복하시기를! (이 이야기는 「최고의 성인들은 작은 계획을 세우지 않는다」 책에 수록되었다.)

5. 하나님의 계획 - 후아니토 맥스 밀레인스

나의 과거는 마약, 여자, 조폭, 그리고 폭력의 시간들이었다. 사람들은 나를 두려워했다. 나는 많은 이들에게 상처를 주었다. 내가 보고, 듣고, 느낀 모든 것은 악이었다. 이 세상은 더 이상 전과 같이 보이지 않았다. 태양은 전처럼 밝게 빛나지 않았다. 그림자가 점점 커져서 모든 것이 회색과 검은 그림자에 덮인 것처럼 느껴졌다. 내가 알던 인생은 존재하지 않았다. 내가 보는 모든 곳에서 악마가 보였다. 그런 것이 나에게 일상이 되어 버렸다.

나는 누군가에게 일어날 나쁜 일을 미리 보고 말할 수 있었다. 사람들에게 달라 붙어서 어떻게 그들을 어떻게 상처 줄 것인지를 웃으면서 보여주는 사탄을 볼 수 있었다. 나는 내가 미쳐 간다고 생각했고 나 자신에게서 사탄의 영향을 느낄 때마다 나의 모습을 카메라와 비디오로 촬영하기 시작했다. 그것을 통해 사탄의 존재가 있다는 것을 확인시켜 줄 수 있다. 나를 집어 삼킨 사탄의 모습을 촬영한 비디오를 어떤 사람들에게 처음으로 보여 준 때를 잊지 못한다. 그들은 눈물을 흘리면서 창백해져서 나를 공포와 걱정의 시선으로 쳐다보며 말했다. "너는 교회에 가야 해. 너는 무언가 잘못 되었어."

나 자신이 사탄이라고 생각하기 시작한 후 나는 행복과 모든 희망을 잃었다. 그 즈음에 내가 가까이한 사람들은 선한 사람들 같았고 나에게 희망도 주었다. 하지만 그들은 양의 탈을 쓴 이리였다. 사탄은 나를 공격하면서 파괴하려 했다. 나에게 "희망, 그리고 순수함은 더 이상 존재하지 않아. 야, 이 바보야, 포기해"라고 말하면서 비웃었다. 하지만 그들의 악함을 통해서 나의 마음속 깊은 곳에서 긍정적이고 선한 것을 전심으로 갈망하고 있다는 것을 깨닫게 되었다. 그래서 나의 삶을 파괴하고 무너뜨리려는 잘못된 사람들의 시도는 실패했다.

하나님께서는 손을 뻗으셔서 나로 포기하지 않고 싸울 수 있는 힘을 주셨다. 나에게 양심을 주셨고 내가 선과 악을 볼 수 있는 영의 눈을 뜨게 하셨다. 하지만 나는 그 후로도 여전히 조폭 생활을 하고, 마약을 팔고, 사람을 때리고, 많은 여자들을 만났다. 나는 판단력이 생겼지만 여전히 그런 어두운 면을 가지고 있었고, 그것을 멈출 수 없었다. 나의 힘으로는 할 수 없음을 아신 하나님께서 그 사실을 알고 나를 도우시려고 이곳 교도소로 오도록 만드신 것이다.

나는 2008년 12월 14일에 수감되었는데 그것은 나의 인생에서 가장 큰 하나님의 축복이었다. 나는 이 교도소에 오기 전 까지 통제불능의 추악한 상태였다. 마약을 하고, 많은 사람들에게 마약을 팔아 그들이 중독 되도록 해서 그들의 삶을 파괴했다. 그로 인해서 많은 사람들의 결혼 생활이 파탄되었고, 사람들은 자신의 가정, 직업, 집, 영혼, 자긍심을 잃었다.

사탄은 나의 눈을 가려 내가 '하나님과 같은 전지전능한 자'라고 생각하도록 만들었다. 나는 마음 속에 증오심만을 품은 채 이기적이고 세속적인 삶을 살아 왔다. 나는 착한 여성과 결혼을 했다. 그녀에게는 네 명의 아름다운 아이들이 있었다. 나는 그녀도 마약 중독에 빠지게 했다, 그녀는 결국 사회 기관에 아이들을 빼앗겼고 우리는 서로에게 극도의 정신적, 육체적 학대를 하게 되었다. 나는 결국 마약 사건과 가정 폭력, 보호 관찰법 위반, 증인 협박 등의 사건으로 붙잡히게 되었다. 나는 가족을 잃었다.

내가 이곳에 왔을 때, 나의 전처가 증오심에 불타 나에게 몇 가지의 혐의를 더하여 화가 나서 마음이 무너지고 배신감을 느꼈다. 내 삶이 왜 그렇게 빨리 무너지게 되었는지 알 수 없었다. 내 삶은 끝이라고 깊은 우울에 빠져, 울고 또 울었다. 침대에 누워서 일어나고 싶은 생각이 들지 않았다. 심지어 깨어나지 말았으면 하는 기도를 드리기도 했다. 그러던 중 감방을 함께 쓰던 한 남자가 나에게 하나님께서는 내가 감당할 수 있는 것 이상을 주시지 않으신다고 말했다. 그는 나에게 일어난 일들을 하나님께 내려놓으라고 말했다. 나는 4~16개의 혐의로 최소 8년에서 최장 32년 형을 받게 될 것이다.

성경책을 열어 하나님께 도움을 구하는 기도를 드리기 시작했다. 성경을 읽으면서 이 어둠의 시간에서 느끼는 공포를 없애려고 애썼다. 나에게 진정한 도움을 준 성경 구절은 예레미야 29장 11~13절 말씀이다. "여호와의 말씀이니라. 너희를 향한 나의 생각을 내가 아나니 평안이요 재앙이 아니니라. 너희에게 미래와 희망을 주는 것이니라. 너희가 내게 부르짖으며 내게 와서 기도하면 내가 너희들의 기도를 들을 것이요. 너희가 온 마음으로 나를 구하면 나를 찾을 것이요 나를 만나리라."

2009년 1월 1일, 나는 내 삶을 예수님께 바쳤고 그분을 구세주로 영접했다. 하나님은 나를 용서하셨고, 나를 축복하셨다. 그 후로 나는 모든 것을 다르게 보게 되었다. 전에 내 앞날은 깜깜했었지만 이제는 전에 결코 이해하지 못했던 것들을 이해하게 되었다.

나는 F 1200동의 많은 수감자들의 도움으로 목사님의 책을 스페인어로 번역했고, 그 후에도 많은 주님의 일들을 하게 되었다. 하나님께서 나에게로 이끄신 동료 수감자들에게 믿음의 씨앗을 심을 수 있는 성경구절을 제공했다. 이것이 바로 하나님께서 나에게 하라고 부르신 것이다. 전에는 하나님의 음성을 듣지 못했으나 지금 나는 하나님께서 나에게 말씀하시는 음성을 듣고, 무엇을 원하시는 것인지 알 수 있다.

나는 3월 30일에 선고를 받는다. 처음에는 두려웠지만, 지금은 평안함을 느낀다. 무엇이든, 그리고 어느 곳이든 하나님께서 원하시는 곳에 있을 것이다. 나는 예수님을 사랑한다. 그분은 내가 하나님 말씀의 사역자가 되기를 원하신다. "저는 주님의 뜻에 따를 것입니다. 주님 사랑합니다!"

3장
찬양의 시

1. 너를위해-다니엘 밀러

나는 이런 상황을 원치 않는다.
나는 변화를 원한다,
나는 죄악속에서 살기원치 않는다.

'오 하나님,당신은 저를 구원하실 것입니다.
하지만 제가 어디에서부터 시작을 해야 할까요?'
하나님께서는 대답하셨다.
"도움이 필요한 모든 상황에서,네가 다툼을 하고 있을때,
내가 너와 함께 그곳에 있음을 기억하거라.
아이야. 내가 죽음으로써 네가 삶을 가졌느니라."

하나님께서는 당신이 상처를 받아서 화와 분노를 가지고
아픔을 겪고 있는 것을 알고 계신다.
예수께서는 당신을 사랑하시고, 당신의 죄를 용서하신다.

나는 거짓으로 가득 찬 삶을 살았지만
예수님께서는 나를 용서하시고 여전히 사랑하신다.

우리는 그의 자녀이다.
당신은 "우리가 여기에 우연히 있는 것이다"라고
생각하는가?

진실은 성경말씀에서 온다.
하나님께서 사람을 창조하셨다.
삶이 힘이들 때
사탄의 거짓말에 사로잡히면
하나님을 원망한다.

우리가 우리의 방식으로 살아갈 때
계속해서 잘못된 행동을 되풀이 한다.
하지만 우리에게는 여전히 희망이 기다리고 있다.
우리는 더 늦기 전에 결정을 해야만 한다.
우리가 어떤 잘못을 했던,
예수께서는 우리를 사랑하신다.

나는 기도한다.

"저의 이기적 자만심과 비탄감, 화,
내면의 상처들을 치유해 주세요.
당신이 나의 삶을 바꾸실 수 있는
유일한 분이심을 오늘 제가 알 수 있도록 해주세요.
저에게 당신의 사랑을 알게 해주세요.
그리고 당신의 원하시는 것을 가르쳐 주세요.
저의 이기적 자만심을 없애 주세요.
나를 구원하신 당신을 믿습니다."

2. 먼지를 털며 - 마이클 곤잘레스

한 때 나는 길을 잃었었다.
하지만 지금은 구조되었다.
나는 나의 먼지를 털고, 굳건히 서 있다.

잘못된 죄로 물든 나의 마음,
사탄의 올가미에 걸린 나.
그렇게 어둠에서 길을 잃고,
나는 소경이 되었었다.
하나님을 버리고 세상의 죄악에 갇힌 채로
눈에는 분노를, 가슴에는 증오를 품은 채로.

나는 처음부터 무엇이 옳은지를 알았어야만 했다.
그러나 무지해서 죄의 대가가 무엇인지도 몰랐다.
그러나 이제, 나는 하나님의 따뜻하고 선하신 은혜를 느낀다.
주님은 내가 쓰러져 있던 곳에서 나를 일으키셨다.
나의 눈을 뜨게 하시고, 나에게 길을 보여 주셨다.

나는 겸손히 무릎을 꿇었다.
주님께 용서를 구하며.

"오 주님, 용서하세요."

그때 나는 하나님의 크나큰 사랑을 느꼈다.
내가 주체할 수 없을 정도의 사랑이 나에게 느껴졌다.
당신이 이 세상에서 길을 잃고 어려움 속에서 헤맨다면,
용서를 빌고 하나님을 믿어라.
그러면 하나님께서 당신에게 길을 보여 주실 것이다.

3. 자유 – 알폰소 마르케즈

과거를 바꿀 수 없다.
두려움, 기억들, 그 모든 것을 경험한 것 말이다.
기도가 우리에게 축복을 만들어낸다.
주 우리 하나님께서 우리가 변화되도록 도우실 것이다.

나는 소중한 친구들과 가족을 잃었다.
그건 큰 대가였고
사탄이 나를 사로잡았었다.
내가 택한 길은 어둡고도 먼 길이었었다.

그러나 사랑의 하나님께서 나를 자유롭게 하셨다.
이제 나는 빛을 보았고, 찬양의 노래를 부르고 있다.
나는 사랑하는 이에게 상처를 주었기에
지금 나는 모든 것을 수습하려고 하고 있다.
미안하다는 말로는 충분하지 않다는 것을 알고 있다.
다만 감사한 것은
주 나의 하나님께서 나의 길을 바꾸신 것이다.

4. 기회 - 다니엘 니브위비스

이 벽의 돌과 강철로 된 문은
과거를 보는 창문과 같다.
빛이 들어와 벽에 쓴 글을 볼 수 있다.
도망칠 수는 없다.
당신은 그 글을 보는 수 밖에 없다.
어둠이 찾아왔다.
그것으로 과거의 기억은 봉인되었다.

내가 할 수 있는 일이란 주님께 기도를 드리고
미래를 바꾸어 주시기를 간구할 수 있을 뿐이다.
그러한 기회를 가질 수 있도록 하시는 분은
오직 주님뿐이기 때문이다.
그러니 당신도 용서를 위해 오늘 기도하라.
당신에게 용서를 구할 내일이

없을 지도 모르기 때문이다.
아멘.

5. 사랑 - 그레고리 앤더슨

당신이 저를 사랑하시기에 저의 영혼은 평안합니다.
당신께서 용서하셨음을 아는 것은 나에게 힘을 줍니다.
당신의 성령은 나의 길을 인도합니다.
나의 의지는 약하나, 믿음은 강합니다.

이제 저의 과거는 과거일 뿐입니다.
나의 길은 정해졌습니다.
이제 삶의 목표가 용서임을 나는 알고 있습니다.
주님께서 나의 대가를 치르셨습니다.
당신이 저를 용서하셨기에
다시는 절망하고, 외롭고, 상처를 입지 않을 것입니다.
다시는 내가 시작한 곳으로 돌아가지 않을 것입니다.
다시는 나의 길을 잃지 않을 것이고,
당신과 함께라면 길을 잃을 수가 없을 것입니다.

다시는 나의 구원을 의심하지 않고,
당신께서 대가를 치르셨음을 알 것입니다.
다시는 천사들이 눈물을 흘릴 일을 하지 않을 것입니다.
다시는 당신께서 하지 말라는 어떤 짓도 하지 않을 것입니다.
다시는 나의 신앙을 잃지 않을 것입니다.
다시는 그동안 가졌던 외로움이나 혼란스러움을
느끼지 않을 것입니다.
다시는 두려워하지 않을 것입니다.
당신께서 굳건히 계시기 때문입니다.

하나님의 말씀은 내가 가져야 할 믿음을 제공합니다.
주님께서는 지금도, 그리고 영원히 나의 곁에서
은혜로 함께 걸을 것입니다.
하나님의 사랑은 모든 삶에서 충분할 정도로 크십니다.
제 삶은 당신의 것입니다.
주님, 저의 손을 잡아주세요.
당신이 원하시는대로 함께 걸을 것입니다.
저는 당신의 것입니다.
영원히.

6. 당신의 손 - 조슈아 리브스

나는 뒷짐을 진 채로 마음의 갈피를 잃었습니다.
이 악한 게임 속에서 원망, 수치심으로 살았습니다.
저는 당신께 다시 돌아가기를 원합니다.
하지만 저는 악한 죄를 가슴에 여전히 품고 있습니다.
그래서 저는 진리를 깨달아 실행할 수 있기를 원합니다.
저의 시야를 밝히시고,
저에게 빛을 보여주시기를 기도 드립니다.
악한 죄와 고통의 길에서 저를 건져 주세요.

저를 도와 주세요.
무릎을 꿇고 간청 드립니다.
저를 교도소에서 풀어 주세요.
제가 풀려날 수 있을까요?
나는 문을 두드리면서 선한 일을 하기를 애쓰고 있습니다.

저에게 길을 보여 주시고,
오늘 이 기도가 응답되게 해 주세요.
저는 이곳에 누워 기다립니다.

제가 이 무거운 마음의 짐을 내려놓게 도와 주세요.
저는 당신께서 용서하실 것임을 알고 있습니다.
그런데 왜 제가 아직도 승리의 삶을 살지 못하는지요?
저는 여전히 죄악의 삶을 살고 있습니다.
저를 사탄의 길에서 해방시켜 주세요.
더 밝고 나은 날들로 이끌어 주세요.
당신의 능력으로만 그 일을 할 수 있음을 알고,
당신의 도움을 청합니다.

7. 기도의 응답 – 샬리아 디어본

오랫동안 나는 어린시절의 기억에 갇혀서 살았다.
나는 나 자신을 사랑할 수 없었다.
다른 이들이 나를 학대했기 때문에
증오와 원한을 품고 살았다.

그들은 나를 이용하고 버렸다.
한편으로는 내가 그렇게 일을 만들었다고 느꼈다.
그래서 그토록 오래동안 나 자신을 책망한 것이다.
그 고통은 이루 말할 수 없었다
그리고 그 수치심이란 말로 표현할 수 없는 것이었다.

하지만 오늘, 나는 하나님께 용서를 구한다.
그래서 내가 나 자신을 용서하고,
나를 배신한 이들을 용서할 수 있도록.
과거에 사로잡힌 것은 추했고, 나의 내면을 갉아 먹었다.
공포와 두려움으로 숨어 살았다.
하나님은 기도를 응답하셨다.
오늘 나는 용서하는 마음과 평안함을 가지게 되었다.
지금 나는 하나님께 감사를 드릴 수 있다.

나 자신을 용서하는 법을 가르쳐 주심에 대한 감사를 드린다.

8. 사랑의 훈육 – 크리스탈 모건

왜 하늘에 계신 아버지께 질문을 하는가
아버지는 증오의 벌을 주시는 것이 아니라
사랑으로 훈육을 하신다.
거짓말하고, 속이고, 훔치는 것과 같은 죄는
우리가 선택한 것이다.

심판의 날에 우리는 하나님의 책망과 노여움을
느껴야 할 운명이다.
심판날까지 기다리지 말고
당신이 저지른 죄를 용서해 달라고
지금 주님께 간구하라.
당신의 죄를 회개해서 구원을 얻고,
걱정과 근심이 사라지는 것을 체험하라.

하나님께서는 너무나 크신 은혜로
자신의 유일한 아들을
우리의 죄를 위해 십자가에 죽도록 하셨다.
예수님은 우리 모두를 위해 처형당하셨다.

용서를 구하면
주님께서는 고난 중에 있는
당신을 건지실 것이고,
항상 당신과 함께 하실 것이다.
그러니 나의 말을 주의 깊게 듣고,
기도하기 위해서 머리를 숙이라.

"하나님 아버지,
교만했던 제가 당신께 왔습니다.
제발 나약했던 저의 생활을 용서하시고,
말로 잘못한 것과 저의 죄를 용서하여 주세요.
제발 저에게 새로운 삶을 살 수 있게
인도해 주세요."

4장
기도

1. 감사 - 스테파니 와이트헤드

주님, 저는 제가 이기적 욕망과 개인적인 동기로 인해서 많은 이들에게 상처를 주었다고 당신께 말씀 드리기 위해서 왔습니다. 나의 기도는 당신의 용서와 당신의 뜻에 대한 지혜를 구하기 위함입니다. 그리고 제가 당신에 대한 사랑을 져버리지않고, 당신의 곁에서 굳건히 설 수 있기를 원합니다. 저를 용서해 주신 것에 감사를 드리며, 당신의 아들을 통해 구원을 얻을 기회를 주심에 감사 드립니다.

2. 용서하세요 - 제시 시푸엔테스

하나님 아버지, 제가 죄를 지었습니다. 저를 용서하세요. 저의 연약함을 아시는 주님, 저에게 진정으로 회개하는 마음을 주시기를 원합니다. 제가 넘어질 때 일으켜 주세요. 저는 당신이 저에게 옳은길을 원하셨지만, 당신에게 등을 돌렸습니다. 저의 모든 더러운 행동들을 용서해 주세요. 지금 저는 당신이야 말로 저의 필요한 모든 것을 채워 주실 수 있는 분이라는 것을 알게 되었습니다. 당신의 사랑을 부인한 저를 용서해 주세요.

아버지, 저는 변화 되어 죄의 삶에서 해방되기를 원합니다. 잘못된 길로 갈까봐 두려운 마음도 듭니다. 당신과 동행하는 삶에서 평화와 기쁨의 날들을 볼 수 있다는 사실을 알고 있습니다. 아버지, 저의 지혜로는 주님을 따를 수 없다는 것을 알고 있습니다. 저에게 두 번째 기회를 주세요. 당신께서 원하시는 길을 걷도록 인도해 주세요. 당신께 간청합니다. 사탄의 거짓말에서 저를 건져 주세요. 당신만이 저를 구원하실 수 있습니다. 저의 마음에 임해 주세요.

당신께서 저와 함께 있었다는 사실을 알고 있습니다. 저의 죄를 용서해 주셔서 감사를 드립니다. 아버지. 당신이 없이는 제 인생이 존재할 수 없습니다. 지금 저는 당신께서 나의 모든 죄를 용서하시고 깨끗게 해 주셨다는 사실을 알게 되었습니다. 나는 더이상 사탄의 말을 듣지 않습니다. 저와 제가 사랑하는 이들이 살아 남을 수 있었던 것은 모두 당신의 은혜 때문입니다. 아버지, 나에게 상처준 사람들을 용서해 주세요. 그들은 자신들이 무엇을 하는지도 모릅니다. 저는 그들이 당신을 간절히 찾을 날이 오기를 위해서 기도 드립니다. 아멘.

저는 당신의 말씀에 순종을 하겠습니다. 당신을 모르는 이들에게 복음의 소식을 전하겠습니다. 그래서 그들 또한 당신을 만나고 사랑할 수 있도록 말입니다. 저는 당신을 알아가고 있는, 이제 막 기어다니기 시작하는 아기에 불과합니다. 저를 보호해 주세요. 모든 것을 알고 계신 하나님 아버지와 주님께 도움을 구합니다. 시험을 이기게 도와 주세요.

3. 희생자를 위해 - 마이클 허들스톤

하늘에 계신 아버지, 당신의 형상 대로 창조된 사람들을 축복하시는 것이 당신의 뜻인줄로 압니다. 다른 이들의 손에 의해 고통을 당하는 모든 이들을 사랑과 보살핌의 손으로 붙잡아 주세요. 그들을 위로 하시고 치유해 주세요. 그들의 몸과 마음 그리고 정신적으로 입은 상처들을 보살펴 주세요. 사랑하는 이를 잃은 자들과 함께 계셔 주세요. 그들의 존엄성을 회복시켜 주시고, 그들이 사랑과 존경을 받을 만한 가치가 있다는 사실을 상기시켜 주세요. 목숨을 잃은 희생자들에게 천국의 문을 열어 주세요. 그들은 당신의 눈에 보시기에 소중한 자들인 것을 믿습니다. 그들이 영원한 평안과 행복을 느끼도록 해 주세요. 우리는 그 모든 것을 죽음에서 부활하신 당신의 사랑하는 아들, 예수님의 이름으로 모든 것을 기도합니다. 아멘.

4. 치유를 위해 - 로버트 고메즈

예수님, 이 글은 치유를 위해 당신께 드리는 기도입니다. 주님, 이 죄 많은 세상을 살아 가면서 상처받은 이들을 치유해 주세요. 육체적, 성적, 정신적으로, 모르는 사람 혹은 알고 믿었던 이들, 심지어 사랑했던 이들에게 희생을 당하거나 학대를 당한 사람들이 있습니다. 주님, 때로는 우리가 사탄의 거짓말을 받아들여 우리가 잘못하고도 오히려 당신을 비난할 때도 있습니다. 주 예수 이름의 권위로 그런 원망의 영을 쫓아 낼 것입니다. "사탄아, 예수의 이름으로 명하노니 떠나가라. 하나님은 우리에게 평안을 주시는 분이시다."

주님, 학대를 당하거나 피해를 입어 고통을 당하는 이들이 위로 받고, 용서하려는 의지, 이해력, 사랑, 그리고 치유를 구할 수 있기를 기도 드립니다. 주님, 저는 그들이 단순하게 그들의 삶을 회복하는 것 뿐만이 아니라, 당신께서 그들을 사용하셔서 다른 사역자와 함께 그들과 같은 비극을 겪은 이들을 돕게 해 주시기를 원합니다. 그들의 이야기가 당신을 영화롭게 하는 데에 쓰이고, 다른 희생자들에게 치유의 힘을 불어 넣을 수 있도록 해 주세요.

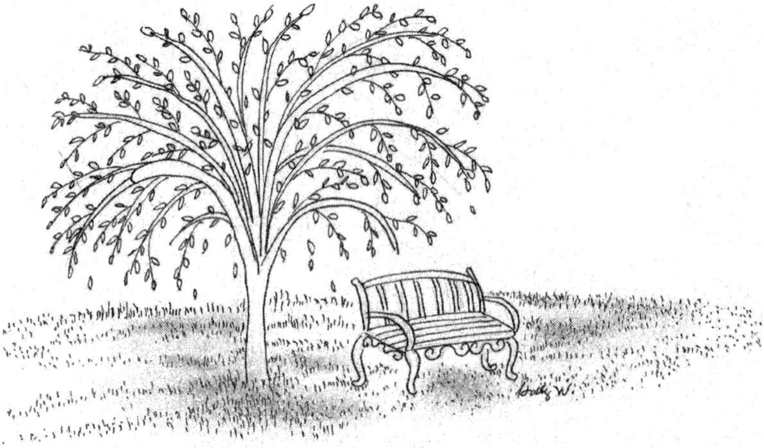

5장
편지

1. 감사 - 케이시 콜리어

나는 매우 긴 시간 동안 이 편지를 쓰기 원했었다. 그리고 그 시간이 너무 많이 경과한 것도 알고 있다.

어머니,

사랑해요. 그리고 매일 제가 어머니께 말을 하지만 아직도 말하지 않은 것이 있어요. 그러니 제발 제가 여기서 쓰는 말들이 엄마의 마음을 상하게 한다면 용서해주세요. 내가 어린 소년이었을 때부터 저는 많은 상처를 받았어요. 그리고 지금은 그 상처를 치유 받으려고 합니다.

어머니, 저는 자신이 크리스천이라고 생각하며 오랜 시간을 지내 온 것을 알고 있지만 주님께서 가르치신 "용서"를 못하고 지낸 것 같습니다. 예수님은 우리를 너무나 사랑하셔서 자신의 목숨을 우리의 죄를 용서하기 위해서 내려 놓으셨어요. 그 분을 통해 제가 오랫동안 간직해 온 분노, 나를 버린 어머니를 용서하게 되었습니다.

제가 10살에 불과했을 때, 어머니는 마약에 중독되어 제 정신이 아닌 채로 저와 누이를 버리셨죠. 26년이라는 시간이 흘렀지만 저는 아직도 학교에서 돌아와 거실에 앉아 어머니가 돌아 오시기를 고대하며 기다리던 마음을 여전히 기억하고 있어요. 3일을 기다리고서야 어머니가 오시지 않을 것이란 현실을 깨닫게 되었죠. 처음에 나는 놀랬고 혼란스럽다가 결국 심한 분노가 생겼어요.

엄마가 정신병원에서 머문 2년 동안 제가 할머니 할아버지와 함께 지냈을 때도 그런 감정을 품고 있었죠. 어머니는 나의 양육권을 다시 찾아서 아픔을 잠시 잊었는지 모르지만, 나는 어머니의 진실한 답변을 간절히 원했는데 끝내 들을 수 없었죠. 결국 나는 무슨 일이 일어난 것인지를 다른 가족을 통해서 들었어요. 비록 지금은 제가 나이가 들어서 그 이유를 이해할 수는 있지만, 그 상처는 여전히 남아 있었죠. 오랜 기간 어머니의 행동이 이기적이고 배려심이 없는 것이라 생각했어요. 그러나 지금의 저는 그것이 어머님의 사랑이었다는 것을 알게 되었어요. 제가 그동안 잘못 생각하고 있었어요.

어머니, 과거에 용서하지 못한 저를 용서해 주세요. 제가 이기적인 마음으로 어머니의 사랑을 이해하지 못한 것이 잘못이었죠. 저는 어머니를 사랑해요. 제가 감방에서 이 편지를 쓰면서 제가 오늘날 이런 비참한 모습이 된 것에 대해서 어머니께서 자신을 책망하고 있음을 알고 있어요. 하지만 어머니, 저는 그것이 진정으로 어머니의 잘못이 아니라 제가 한 잘못된 결정의 결과라고 생각해요.

어머니 자신을 용서하세요. 우리는 지금 그 어떤 때보다 더 가까워졌다고 생각해요. 그래서 저는 진정 축복 받았다고 느껴요. 어머니께서 우리를 위해 희생을 하시고 포기하신 것처럼 예수님께서도 우리를 위해 자신의 생명을 바치셨죠. 제가 아는 위대한 사랑입니다. 그래서 저는 진심으로 감사를 드립니다.

주 예수님, 감사를 드립니다. 그리고 어머니, 감사합니다. 저는 우리 둘 모두에게 지금 치유가 시작될 수 있기를 기도드립니다.

사랑하는 아들이

2. 변화 – 팔머 파체코

어머니에게,

어떻게 지내세요? 어머니. 저는 아직도 집으로 돌아가기를 기다리고 있어요. 제 인생에 대해서 생각을 하고 있고, 어떻게 희망이 없는 이 장소에 있게 된 것인지를 생각했어요. 그건 부모님의 잘못이 아니었죠. 나의 부모님은 훌륭한 분이셨죠.

저는 제 인생에서 자유를 원했고 그 당시에는 자유가 바로 마약과 파티를 뜻했죠. 하지만 지금 저는 하나님의 사랑의 울타리 안에서 세상밖으로 도망쳤다는 사실을 알게 되었어요. 저는 하나님을 몰랐지만, 하나님께서는 저를 아셨죠.

제가 하나님을 만난 건 바로 이곳 교도소에서죠. 저는 제게 새로운 삶이 필요하다는 것을 알았어요. 그 방법을 몰랐을 뿐이죠. 저는 하나님께서 나에게 화가 나셨을 것이라 생각했고, 무너져버린 제 인생을 구원할 그 어떤 것도 할 수 없었다고 생각했어요.

그러나 하나님께 저를 살려 달라고 간청했고, 그 느낌은 마치 주님께서 제 내면의 창문을 닦아 깨끗하게 하시고 저를 안아 주시는 것과 같았어요. 그 때에 하나님께로부터 도망쳐 잘못했음에도 불구하고 하나님께서는 저를 사랑하고 계심을 알게 되었죠. 지금 저는 하나님과 동행하기로 결심했어요. 저는 하나님께서 살아 계시다는 것을 자신 있게 말씀드릴 수 있어요. 그분은 실제로 저의 인생을 바꾸셨어요. 저는 나쁜 선택을 했었고, 그 대가를 치르고 있지만 어머니, 저를 믿어 주시기를 바랍니다. 저는 믿음이 생겼고 변화하는 과정에 있습니다.

6장
기도 프로젝트, 용서하기 원하는 사람들을 위하여

기도 프로젝트,
용서하기 원하는 사람들을 위하여

이영희

　이 기도 프로젝트는 용서를 원하지만 용서에 어려움을 겪는 이들을 위한 것이다. 사람들이 용서하는 것에 어려움을 겪는 이유 중 하나가 바로 자신들의 마음에 증오와 화, 그리고 비탄감과 분노를 쌓아 둔 채로 어떻게 그것들을 처리해야 하는 지를 모르기 때문이다.
　우리가 용서하지 않을 때, 평안을 가질 수 없다. 주님께서는 용서하라고 명령하셨고, 우리가 그 명령에 불순종 한다면, 우리는 평안을 잃게 된다. 하나님 안에서 평안을 가지기 위해서 우리는 하나님 말씀에 순종하고 용서해야 한다. 우리 내면의 모든 감정적인 쓰레기를 청소하고, 우리의 관계를 회복하기 시작해야 한다. 다른 사람들과 우리의 관계는 우리와 하나님과의 관계에 영향을 미친다.
　이 기도 프로젝트의 목적은 우리 삶의 죄를 깨닫는 것, 특히 용서하지 못하는 마음, 하나님의 용서하심을 경험하고 평안을 얻는 것, 우리와 하나님 그리고 다른 사람들과의 관계를 회복하는 것. 사랑과 용서, 그리고 관용의 마음을 개발하는 것, 하나님의 지혜를 통해서 평화로운 해결책으로 문제들을 해결하는 습관을 기르는 것이다.

용서하는 마음을 개발하는 것은 시간이 걸리는 일이며, 우리는 모든 일에서 하나님을 기쁘시게 하고 마음에 평안을 찾을 수 있는 방식으로 분쟁을 풀어야 한다는 사실을 명심해야 한다. 용서는 하나님의 도우심으로 배울 수 있고 실천할 수 있다. 이 기도에 참여하기 위해서 30일 동안 매일 1시간씩 주님과 시간을 보내라고 제안한다. 30분 동안 성경을 읽고, 30분 동안 기도를 하라. 추가로 회고, 묵상, 기도, 일기 쓰기 등 당신에게 도움이 될 것이라고 생각되는 것을 통해서 용서하는 마음을 기르려고 노력하기를 권고한다.

용서하는 마음을 기르는 24가지 방법

1. 용서에 대한 하나님의 가르치심을 이해하기 위해서 매일 30분 동안 성경을 읽고 묵상하라.

4복음서(마태, 마가, 누가, 요한), 로마서, 야고보서, 요한1서, 시편, 골로새서를 읽고 묵상하라. 용서에 대한 성경구절을 찾아서 묵상하면 용서하는 마음을 기를 수 있고 당신 자신과 다른 이들을 용서하는 것을 배울 수 있다. 하나님은 우리를 용서하시기를 원하신다.

"너희는 예루살렘 거리로 빨리 다니며 그 넓은 거리에서 찾아보고 알라. 너희가 만일 정의를 행하며 진리를 구하는 자를 한 사람이라도 찾으면 내가 이 성읍을 용서하리라"(예레미야 5:1).

2. 매일 30분 동안 기도하는 습관을 기르라. 15분 동안 하나님께 기도를 하고 나머지 15분 동안 침묵 속에서 하나님의 음성을 듣는 것을 연습하라.

기도의 시간에 침묵으로 하나님의 음성을 듣는 것을 연습함으로써 그 어떤 잘못된 분노와 증오의 생각들을 내려놓는 것을 배워라. 그러면 사탄이 부정된 생각과 파괴적인 생각으로 당신에게 영향을 줄 시간이 줄어들 것이다. 마음을 정돈하고 침묵으로서 하나님의 음성을 기다리는 것은 처음에는 어려울 것이다. 하지만 계속 자신의 생각을 비우고 듣기를 연습하면 점점 쉬워진다.

기도: "하나님, 저의 모든 파괴적, 부정적, 비판적 생각과 태도로부터 해방이 될 수 있도록 주님의 말씀을 묵상하게 도와 주세요. 저에게 상처를 준 이들을 용서할 수 있도록 도와주세요. 용서하지 못하는 저의 마음을 용서해 주시고, 그런 저의 마음을 사랑과 용서하는 마음으로 채워주세요. 제가 회개하지 않은 죄가 있다면, 회개할 수 있도록 저의 마음을 깨끗하게 할 수 있게 도와 주세요. 예수님, 저에게 당신의 사랑의 말씀을 들을 수 있는 마음을 주세요. 저는 주님의 음성을 듣기 위해서 기다리고 있습니다."

3. 30일 동안을 성령님께 회개하지 못한 죄를 회개 시켜 달라고 기도하라.

우리는 다른 사람들의 죄는 보지만 우리 자신의 죄를 보지 못할 때가 많다. 우리의 힘으로는 우리의 영적인 상태를 보기 힘드니 성령님께 겸손히 우리가 회개 못한 죄를 회개 시켜 달라고 기도 하는 것이 필요하다. "내 이름으로 일컫는 내 백성이 그들의 악한 길에서 떠나 스스로 낮추고 기도하여 내 얼굴을 찾으면 내가 하늘에서 듣고 그들의 죄를 사하고 그들의 땅을 고칠지라. 이제 이 곳에서 하는 기도에 내가 눈을 들고 귀를 기울이리니" (역대하 7:14~15).

기도: "성령님, 제가 제 자신을 하나님께서 보시는 대로 볼 수 있게 도와 주시고 회개하지 않은 죄들이 있으면 회개를 하게 도와 주세요. 저의 마음이 정결해지고 깨끗해져서 주님을 기쁘게 하는 삶을 살 수 있게 도와주세요."

4. 상처준 사람들을 축복하는 기도를 하라.

하나님의 말씀을 순종하는 것이 용서하는 것이고 축복이며 그들을 위해서 기도해 주는 것이다. "그러나 너희 듣는 자에게 내가 이르노니 너희 원수를 사랑하며 너희를 미워하는 자를 선대하며 너희를 저주하는 자를 위하여 축복하며 너희를 모욕하는 자를 위하여 기도하라. 너의 이 뺨을 치는 자에게 저 뺨도 돌려대며 네 겉옷을 빼앗는 자에게 속옷도 거절하지 말라. 네게 구하는 자에게 주며 네 것을 가져가는 자에게 다시 달라 하지 말며 남에게 대접을 받고자 하는 대로 너희도 남을 대접하라" (누가복음 6:27~31).

"서서 기도할 때에 아무에게나 혐의가 있거든 용서하라. 그리하여야 하늘에 계신 너희 아버지께서도 너희 허물을 사하여 주시리라 하시니라" (마가복음 11:25).

기도: "주님, 저에게 상처 준 모든 사람들을 용서하기로 결정했습니다. 그들을 용서하시고 축복해 주시고 치유해 주시기를 원합니다."

5. 다음의 성경 말씀을 묵상하며 어떤 성령의 열매를 맺는 것에 초점을 두어야 하는 가를 알기 위해서 성령님께 지혜를 간구하라.

"오직 성령의 열매는 사랑과 희락과 화평과 오래 참음과 자비와 양선과 충성과 온유와 절제니 이같은 것을 금지할 법이 없느니라. 그리스도 예수의 사람들은 육체와 함께 그 정욕과 탐심을 십자가에 못 박았느니라" (갈라디아서 5:22~24).

6. 당신의 삶에서 성령님을 체험하지 못했다면 매일 한시간씩 침묵의 시간을 가지고 성령님을 기다리는 연습을 하라.

그래도 성령님의 인도하심이 당신의 삶에서 무엇인지 모른다면 침묵기도를 2주, 혹은 당신이 성령님을 경험할 때까지 계속하라 (사도행전 1:4~5, 에베소서 5:15~21). 침묵의 시간은 하나님의 음성을 듣는 기회를 만들어 준다.

　기도: "성령님, 저의 마음에 임하시어 저에게 음성을 들려 주시고 치유 받아야 될 것을 치유 해주세요."

　7. 성경 말씀을 받아들이고 사탄의 비난하는 음성에 저항하라.

　우리가 죄를 회개하면 하나님은 용서하신다. 그러나 사탄은 하나님께서 우리를 용서하지 않으시고, 용서하실 수 없다고 우리에게 말하려 한다. 그런 거짓말을 받아들이지 말라. 하나님이 예수 그리스도의 십자가의 피로서 우리의 죄를 대속하셨다. 사탄의 파괴적 계획이 용서하지 못하는 마음을 계속해서 유지 시킨다는 사실을 깨달아라. 사탄은 우리의 아픈 과거를 상기 시키고, 계속 분노 속에서 살도록 하려고 잘못된 생각을 가져다 주려 한다. 그 잘못된 제안을 받아들이면 우리는 우리의 죄를 정당화 시키려고 한다. 하지만 그런 잘못된 생각은 결국 우리를 죄에서 헤매게 하는 것이다. 우리가 우리의 죄를 고백하고 회개할 때, 하나님께서는 우리를 용서 하시고 깨끗게 하신다. 하나님의 말씀에 순종하려면 우리는 우리 자신이나 다른 이들에 대한 용서하지 못하는 마음을 품을 권리가 없다는 것을 알아야 한다. 용서를 하려고 해도 화가 치밀어 오를 때에는 "용서 못하게 하려는 사탄아, 예수의 이름으로 떠나가라"라고 물리쳐라.

　"그러므로 이제 그리스도 예수 안에 있는 자에게는 결코 정죄함이 없나니. 이는 그리스도 예수 안에 있는 생명의 성령의 법이 죄와 사망의 법에서 너를 해방하였음이라" (로마서 8:1~2).

　기도: "예수님, 제가 당신의 위대한 사랑을 이해할 수 있도록 도와 주세요. 저의 모든 죄를 예수님의 보혈로 씻어 주세요. 당신이 저의 죄를 위해 돌아가셨음을 믿습니다. 죄책감과 수치심으로부터 저를 해방시켜 주세요."

8. 모든 사람에게 선한 면이 있다는 것을 인정하라.

우리 모두는 하나님의 형상대로 창조 되었기 때문에 우리에게 상처를 준 사람일지라도 그들에게 선한 면이 있다. 나는 모든 사람들에게 하나님께서 주신 85%의 선함이 있다고 믿는다. 우리가 죄악된 본성에 저항하고, 하나님께서 주신 선함을 따르려고 하면 더 많은 선한 일을 할 능력을 가지게 된다. (베드로후서 1:3~11, 골로새서 1:13~14, 로마서 1:1~2).

우리도 용서 못하는 잘못된 죄성과 욕구 또한 가지고 있다. 그런 어두운 면은 우리가 어떻게 용서해야 하는지를 배우기 위해서 변화되어야 할 부분인 것이다. 하나님 말씀에 대한 지식이 없다면, 우리자신의 잘못된 생각을 따라서 죄된 길을 가면서도 죄짓는 것을 모를 때도 있다. 자기의 죄를 정당화하려는 것이 우리의 죄성이기 때문이다.

우리가 의로운 삶을 살기 위해서는 우리의 구세주를 영접하고, 그 분에 의해 변화되어야만 한다. 그러면 우리는 성령의 인도하심을 따를 수 있고, 하나님께서 우리에게 주신 85%의 선함이 더 많이 성장을 해서 용서할 수 있는 사람이 될 수 있다. 예수님께서 우리에게 사랑을 부어 주시면 용서하는 마음을 주실 수 있다. 아직 예수님과의 관계를 가지지 못했다면, 예수님을 당신의 마음에 초대해서 당신을 용서해 달라고 간청하라.

기도: "예수님, 저의 삶을 당신께 드립니다. 저의 모든 죄를 용서해 주세요. 당신께서 저의 죄를 위해서 십자가에서 죽으신 것을 믿습니다. 그리고 당신께서 저를 위해 하신 일로 제가 구원을 얻었음을 믿습니다. 저를 당신의 성령으로 채워주시고, 나 자신과 다른 이들을 용서할 수 있도록 당신의 사랑의 마음을 주세요. 저에게 상처준 모든 사람들을 축복합니다. 그들을 위해서 기도합니다. 그들을 용서하소서. 저도 그들을 용서합니다."

9. 할 수 있다면, 당신이 상처 준 이들에게 용서를 구하라.

우리가 상처 준 모든 사람들에게 용서를 구할 수는 없다. 그러나 용서를 구하는 것이 하나님께서 원하시고 또 다른 사람들과의 관계를 돕는 일을 하면 용서를 구해야 할 때가 있다. 어떤 때는 우리가 하기 싫어도 하나님께서 하라고 하시는 때가 있다. 그럴 때 순종 하는 것이 필요하다. 그러나 어떤 사람들은 용서를 구하려고 가까이 가게 될 때 우리가 죄에 빠지게 되는 상황을 만드는 기회가 될 수 있다. 그런 때는 하나님께 지혜를 구하고 그런 사람들을 피하는 것이 필요하다.

기도: "주님, 제가 당신의 인도로 용서를 구해야 하는 사람들에게 용서를 구할 수 있게 용기와 지혜를 주세요. 저로 인해서 상처 받은 사람들의 상처를 치유해 주세요."

10. 가능한 한 좋지 않은 성품을 가지거나 이기적인 사람들을 피하라.

우리 자신을 학대적 상황에 계속 두고 다른 이들이 우리에게 상처를 주도록 내버려 두는 것이 용서는 아니다. 분별력을 간구하는 기도를 하고 어떤 이가 계속해서 당신을 분노와 화를 내는 죄에 빠지게 한다면, 당신은 그 사람을 멀리해야 할 필요가 있다. 어떤 경우에는 상처주는 사람들과의 관계를 단절 해야 할 때도 있다. 당신이 최종 결정을 내리기 전에 하나님의 지혜와 인도하심을 간구하라.

"속지 말라 악한 동무들은 선한 행실을 더럽히나니 깨어 의를 행하고 죄를 짓지 말라. 하나님을 알지 못하는 자가 있기로 내가 너희를 부끄럽게 하기 위하여 말하노라" (고린도전서 15:33~34).

다른 이들을 용서하는 것을 시작하기 전에 학대가 멈추어야만 한다. 그러니 당신 자신이 학대의 환경에서 먼저 벗어날 수 있기를 위해서 기도하고 계획을 세워라.

11. 자신의 영적 상태를 이해하고 용서하는 것을 배워라.

우리 중 많은 이들이 자신의 영적 상태에 대해 충분히 이해 하지 못해서 용서를 못한다. 우리 모두는 죄인이다. 다른 사람들이 잘못 했을지라도 우리가 그들보다 의로운 것은 아니다. 하나님 앞에서는 우리 모두가 죄인이므로 우리가 용서를 해야 용서를 받는다는 것을 알아야 한다. "모든 사람이 죄를 범하였으매 하나님의 영광에 이르지 못하더니" (로마서 3:23). "비판하지 말라 그리하면 너희가 비판을 받지 않을 것이요 정죄하지 말라 그리하면 너희가 정죄를 받지 않을 것이요 용서하라 그리하면 너희가 용서를 받을 것이요" (누가복음 6:37). 요한계시록 1장과 2장 그리고 3장을 읽어 보라. 예수님께서 일곱 교회의 지도자들을 어떻게 평가 하셨는지를 이해 하려 애써라. 예수님은 그렇게 하실 수 있다.

우리는 용서를 받은 죄인들인데 용서를 해야 용서를 받는다는 조건 아래에 있고 예수님은 판단 하시지만 우리는 판단 하지 말라고 했다. 우리의 할 일은 용서를 하는 것이다. 당신은 지금의 당신의 영적 삶을 예수님께서 평가하실 것이라 생각하는가? 물론이다. 용서를 못하면 예수님께서 기뻐하지 않으실 것이다. 우리는 예수님께서 우리를 어떻게 보고 계신지를 여쭈어 보는 것이 필요하다. 우리 자신이 어떻게 용서를 해야 한다는 것을 이해를 할 때 우리는 바뀔 수 있다. 당신이 용서하지 못한 사람이 있어서 항상 마음에 걸리는 것이 있다면 성령님께서 당신에게 용서하라고 말씀 하고 계시는 것이다. 마음에 걸리는 것이 하나라도 있으면 그것을 성령의 도움으로 해결 하고 평안함과 청결함을 받으라.

"너희가 사람의 잘못을 용서하지 아니하면 너희 아버지께서도 너희 잘못을 용서하지 아니하시리라" (마태복음 6:15).

"귀 있는 자는 성령이 교회들에게 하시는 말씀을 들을지어다 이기는 그에게는 내가 하나님의 낙원에 있는 생명나무의 열매를 주어 먹게 하리라" (요한계시록 2:7).

기도: "예수님, 저의 마음의 눈을 뜨게 하시고, 당신께서 저를 보는 것처럼 제가 저의 영적 상태를 볼 수 있도록 도와 주세요. 성령님께서 저에게 무슨 말씀을 하시려는지를 제가 이해할 수 있도록 도와 주세요. 제가 용서하지 못하는 것이 있다면 알게 해 주시고 용서할 수 있게 도와 주세요."

12. 하나님의 말씀을 순종하여 경건한 사고를 발전시켜라.

바울은 우리가 우리의 생각을 어떻게 조절할 수 있는지에 대한 좋은 충고를 준다. 그의 가르침을 묵상하라.

"끝으로 형제들아 무엇에든지 참되며 무엇에든지 경건하며 무엇에든지 옳으며 무엇에든지 정결하며 무엇에든지 사랑받을 만하며 무엇에든지 칭찬 받을 만하며 무슨 덕이 있든지 무슨 기림이 있든지 이것들을 생각하라" (빌립보서 4:8).

어떤 종류의 부정적인 태도나 편견은 사랑의 하나님으로부터 온 것이 아니다. 당신이 누군가를 무시하는 태도나 편견을 가지고 있다면, 용서를 구할 때이다.

기도: "주님, 저의 생각이 항상 참되며, 경건하며, 옳으며, 정결하며, 사랑할 만하며, 칭찬받을 만하며 항상 덕이 되는 생각을 하여 당신께 영광을 돌리는 삶을 살도록 도와주세요."

13. 다른 이들의 영적 상태를 배우기 위한 묵상을 연습하라.

만약 당신이 누군가에게 화가 났다면, 침묵 가운데 앉아서 당신과 문제가 있는 바로 그 사람이 앞에 앉아 있다고 상상하라. 눈을 감고 주님께 그 사람 마음을 이해할 수 있는 지혜를 달라고 간구하라. 그리고 마치 그 사람이 당신 앞에 앉아 있는 것처럼 질문을 하기 시작하라. 그 사람이 할 만한 말을 당신의 마음으로 듣고, 하나님께서 이해를 당신께 주실 때에 당신은 그 사람을 용서할 수 있게 될 것이다. "너희 중에 누구든지 지혜가 부족하거든 모든 사람에게 후히 주시고 꾸짖지 아니하시는 하나님께 구하라 그리하면 주시리라" (야고보서 1:5).

기도: "주님, 제가 다른 사람들을 당신께서 사랑하고 용서하시는 것같이 할 수 있도록 저에게 상처를 준 사람들의 마음과 아픔을 이해할 수 있게 해주세요. 당신의 지혜와 사랑과 용서의 마음을 가질 수 있도록 저를 축복해 주세요."

14. 화가 났을 때 문제의 해결을 위해서 침묵 속에서 예수님의 인도하심을 기다리라.

사람들과 문제가 생겼을 때, 자신의 생각으로 해결하려고 하지 말라. 우리의 생각대로 판단하고 반응을 나타낼 때 문제가 더 커질 수 있다. 묵상 가운데 주님께 당신을 괴롭히는 사람이나 상황을 이해할 지혜를 달라고 간구하라. 주님께 어떻게 문제를 해결해야 하는가를 여쭈어 보라. 주님께서 인도하시는 대로 하면 그 갈등을 더 빨리 평화롭게 풀고 다른 사람들을 용서하는 것을 배울 것이다. "내 사랑하는 형제들아 너희가 알지니 사람마다 듣기는 속히 하고 말하기는 더디 하며 성내기도 더디 하라" (야고보서 1:19).

기도: "예수님, 제게 닥친 이 문제들이 왜 일어 났는지 당신께서는 아십니다. 저에게 잘못이 있다면 알려주세요. 그래서 다시는 같은 실수를 하지 않게 도와주세요. 지금 제가 당한 문제를 당신께서는 어떻게 해결할 것을 원하시는지요? 주님의 말씀에 순종하여 평화롭게 모든 문제를 해결할 수 있는 지혜를 가지도록 도와 주세요. 당신의 지도함을 기다립니다."

15. 성만찬식 말씀을 묵상하라.

예수님께서 우리에게 기억하라고 하신 것이 성만찬이다. 그 말씀을 읽고 묵상하고 외워서 그분의 사랑을 더 이해하라.

그리고 성직자 혹은 목사가 아닌 예수님께서 당신에게 떡과 잔을 준다고 상상하라. 예수님께서 당신께 주시는 것이 바로 당신의 죄를 위해 부서진 그의 몸이라는 것을 알고 상상하라.

성만찬 묵상:
"또 떡을 가져 감사 기도 하시고 떼어 그들에게 주시며 이르시되 이것은 너희를 위하여 주는 내 몸이라 너희가 이를 행하여 나를 기념하라 하시고. 저녁 먹은 후에 잔도 그와 같이 하여 이르시되 이 잔은 내 피로 세우는 새 언약이니 곧 너희를 위하여 붓는 것이라" (누가복음 22:19~20).
"그들이 먹을 때에 예수께서 떡을 가지사 축복하시고 떼어 제자들에게 주시며 이르시되 받아서 먹으라 이것은 내 몸이니라 하시고 또 잔을 가지사 감사 기도 하시고 그들에게 주시며 이르시되 너희가 다 이것을 마시라 이것은 죄 사함을 얻게 하려고 많은 사람을 위하여 흘리는 바 나의 피 곧 언약의 피니라" (마태복음 26:26~28).
기도: "주님, 당신께서 저의 죄를 용서하기 위해서 십자가에서 고난 당하시고 돌아가셨고 또 사흘만에 부활하신 것을 믿습니다. 당신의 몸을 저를 위해서 주시고 피를 흘리셨다는 것을 더 이해 하도록 도와 주세요. 그리하여 제가 저도 용서하고 다른 사람들도 주님의 사랑으로 용서하게 도와 주세요."

16. 상처받은 기억으로 화가 날 때, 예수님을 찬양하고 경배하라.
사탄은 당신이 화가 나서 비탄에 빠지도록 하기 위해 당신의 아픈 기억을 계속해서 떠 올리려 애쓸 것이다. 그런 일이 일어 난다면, 그 즉시 예수님께 감사와 경배를 드리기 시작하라. 항상 예수님을 찬양하는데 집중하고 그분을 알려고 노력하면 우리의 마음에 분노의 씨가 자랄 수 없다.

"내 영혼아 여호와를 송축하라 내속에 있는 것들아 다 그의 거룩한 이름을 송축하라 내 영혼아 여호와를 송축하며 그의 모든 은택을 잊지 말지어다" (시편 103:1~2). 주님께 받은 것을 생각하고 기뻐하라. 주님을 바라 보는 삶은 기쁨과 평안을 선택하는 삶이다. 또 주님의 복음을 전하려고 노력하라. 구원을 받지 못한 사람들을 위해서 기도하라. 사도 바울과 같이 다른 사람들의 영혼의 구원에 힘쓰려 하면 분노에 시달릴 시간이 없다. 사도 바울은 다른 사람들에게 기도의 제목을 주었다. "또 나를 위하여 구할 것은 내게 말씀을 주사 나로 입을 열어 복음의 비밀을 담대히 알리게 하옵소서 할것이니" (에베소서 6:19).

하나님의 복음을 더 잘 전할 수 있게 해 달라고 기도하고 예수님과 가까이 하는 생활은 우리의 마음에 그분의 사랑과 동정심의 씨를 심도록 인도해 주고 용서를 배우게 할 것이다.

기도: "예수님, 사랑합니다. 당신을 경배합니다. 저의 죄를 위하여 십자가에서 죽으시고 용서하심에 감사를 드립니다. 저는 저에게 상처를 준 사람들을 용서하고 그들을 축복합니다. 제가 당신의 사랑의 복음의 씨를 잃어버린 영혼들을 위해서 뿌릴 수 있는 환경과 마음을 주세요. 주님을 기쁘게 해 드리는 삶이 되고 다른 사람들을 사랑하는 길을 열어주세요."

17. 하나님께서 당신을 어떻게 도우셨는지에 대한 간증문을 써라.

하나님께서 당신을 어떻게 용서 하시고 마음에 평안을 주시고 인도 하셨는지에 대해서 적어라. 그 것은 치유에 도움을 준다. "또 형제들이 어린 양의 피와 자기들이 증언하는 말씀으로써 그를(마귀) 이겼으니 그들은 죽기까지 자기들의 생명을 아끼지 아니하였도다" (요한계시록 12:11). 우리의 영적인 승리는 신앙간증으로 주님을 찬양하는 때에 있다. 성경말씀은 주님의 보혈의 피와 우리의 신앙간증으로 마귀를 이겼다고 했다. 우리는 죄에서 벗어날 때 영적인 승리를 한다. 용서하는 것도 영적인 승리다. 하나님의 도우심으로 불가능도 가능하다.

기도: "주님, 당신께서 죄와 사망을 이기셨습니다. 저도 당신의 힘으로써 용서 하지 못하는 죄에서 이기기를 원합니다. 저의 마음이 당신의 사랑으로만 가득 차게 도와주세요. 모든 사람들을 당신의 사랑으로 용서합니다."

18. 70 X 7 번의 용서를 적어 나가라.

자신을 용서하기 위해서 7일 동안 매일 70번씩 "나는 나 자신의 ─────을 용서할 것이다"라는 것을 쓸 수도 있다. 다른 사람들을 용서하는 데도 "나는────의 ─────을 용서할 것이다"라고 적어라. 이 글을 적을 때, 주님께 도움을 구하라. 그것을 다 쓴 후에는 다른 사람들에게 보일 필요가 없다. 그 종이를 찢어서 쓰레기 통에 넣어라. 우리의 분노와 용서 하지 못하는 마음도 쓰레기 통에 들어 가야 한다.

"너희는 스스로 조심하라 만일 네 형제가 죄를 범하거든 경고하고 회개하거든 용서하라. 만일 하루에 일곱 번이라도 네게 죄를 짓고 일곱 번 네게 돌아와 내가 회개하노라 하거든 너는 용서하라 하시더라" (누가복음 17:3~4).

"그 때에 베드로가 나아와 이르되 주여 형제가 내게 죄를 범하면 몇 번이나 용서하여 주리이까 일곱 번까지 하오리이까 예수께서 이르시되 네게 이르노니 일곱 번뿐 아니라 일곱 번을 일흔 번까지도 할지니라" (마태복음 18:21~22).

기도: "주님, 저 자신과 모든 사람을 용서 할 수 있는 이해와 사랑을 주세요."

19. 용서의 편지를 쓰라.

누구를 용서 해야하는가를 생각하고 필요한 용서의 편지를 써라.

1) 하나님에 대한 어떤 분노를 가지고 있다면, 사과의 편지를 하나님께 써라. 하나님께서는 우리에게 잘못 하신 것이 없다. 잘못이 있다면 다른 사람들이 당신을 잘못 대우했거나 자신의 잘못으로 상처를 받을 수 있기 때문이다.

또 어떤 상처를 주는 일들은 사람들의 잘못이 아니고 환경에서 오는 것도 있고 우리가 조절할 수 없는 것들도 있다. 그것은 삶의 한 과정이지 하나님께서 의도적으로 당신을 해하려고 한 것이 아니기 때문이다.

2) 자신을 용서하는 것에 어려움이 있다면, 자신을 용서하는 편지를 써라. 하나님께서 이미 용서하셨는데도 용서를 못한다면 주님께 그 분의 사랑과 용서를 더 이해할 수 있게 해달라고 기도해야 할 때다.

3) 상처를 준 사람을 용서하는 편지를 써라. 때때로 당신의 편지가 당신 혹은 다른 이에게 상처를 줄 수도 있다. 그런 경우에는 그저 그 편지를 통해서 당신의 마음에서 그들을 몰아 내는 용서의 편지를 써라. 하지만 그 편지를 발송하지는 말라.

20. 글쓰기.

시편 23편, 103편, 139편, 요한복음 3장16절, 에베소서 1장, 그리고 다른 성경구절을 읽어라. 준비가 되었다는 느낌이 들면 다음과 같은 문장으로 시작하는 짧은 글을 써라. 1) "저에게 하나님은…" 2) "하나님께서는 저를 …와 같은 사람으로 보신다." 3) "하나님께서는 나를 사랑하신다. 왜냐하면…" 4) "하나님께서는 나를 용서하신다. 왜냐하면…" 이 회고의 시간을 따르라.

기도: "예수님, 당신이 저를 보시는 대로 제가 저를 볼 수 있도록 도와 주세요. 당신의 눈에는 제가 너무나 사랑스럽고

특별하기 때문에 당신께서는 저의 죄 뿐만 아니라 이 세상의 죄를 위해 돌아가셨습니다. 당신께서 저를 사랑하신 것처럼 제가 저를 사랑할 수 있도록 도와 주시고, 당신께서 다른 이들을 사랑하시는 것처럼 제가 다른 이들을 사랑할 수 있도록 도와 주세요."

21. 하나님이 당신에 대해 가지신 비전, 꿈, 계획을 이해할 수 있도록 해 달라고 기도하라.

비탄에 빠진 삶은 하나님께서 우리에게 원하시는 것을 방해하고 시간을 낭비하게 한다. 우리가 하나님을 기쁘게 해드리려고 다른 이들을 섬기는 것에 집중을 한다면 비탄감, 부정적이고 비판적인 마음에서 승리할 수 있게 될 것이다.

기도: "주님, 당신을 섬기려는 제가 열정을 가질 수 있도록 도와 주시고, 당신의 사랑을 다른 이들과 나눌 수 있는 기회를 주세요."

22. 과거의 상처 받은 기억에 대한 치유를 위한 기도를 하라.

하나님께서 우리의 죄를 기억하지 않으신다는 말씀은 격려의 말씀이다. 우리의 상처 받은 기억도 주님의 치유가 필요하다. 그래서 기억 때문에 더 상처를 받지 않도록 주님에게 치유를 구하라. 하나님께서는 우리의 아픈 기억을 치유할 능력을 가지고 계시다. 그분은 우리를 만드셨기에 우리의 생각도 바꿔 주실 수 있으신 분이다.

"나 곧 나는 나를 위하여 네 허물을 도말한 자니 네 죄를 기억하지 아니하리라" (이사야 43:25).

"내가 그들의 불의를 긍휼히 여기고 그들의 죄를 다시 기억하지 아니하리라 하셨느니라" (히브리서 8:12).

"만일 우리가 우리 죄를 자백하면 그는 미쁘시고 의로우사 우리 죄를 사하시며 우리를 모든 불의에서 깨끗하게 하실 것이요" (요한1서 1:9).

기도: "주님, 저는 나 자신을 포함해서 저에게 상처를 준 모든 이들을 용서하기로 결심했습니다. 성령님, 제가 저의 부정적, 비판적, 증오에 가득 차서 화를 냈던 마음을 잊을 수 있도록 저의 아픈 기억을 치유해 주세요. 저의 마음을 당신의 사랑과 평안, 그리고 기쁨으로 채워 주세요. 또한 저는 제가 상처를 준 모든 이들을 위해 기도를 드립니다. 그들의 아픈 기억을 치유하셔서 그들이 나를 용서할 수 있도록 해 주세요" (마태복음 7:7).

23. 하나님께서 상처받은 마음을 치유하실 수 있도록 기도를 드려라.

마음이 아플 때, 손을 가슴에 얹고 기도하라.

기도: "하나님 아버지, 예수님, 성령님, 저의 마음에 오셔서 저의 아픔 마음을 만져 주시고 치유해 주시고 평안을 주세요."

당신의 마음에 평안함이 깃들 때까지 이 기도를 계속하라.

"너희 중에 고난 당하는 자가 있느냐 그는 기도할 것이요 즐거워하는 자가 있느냐 그는 찬송할 것이니라 너희 중에 병든 자가 있느냐 그는 교회의 장로들을 청할 것이요 그들은 주의 이름으로 기름을 바르며 그를 위하여 기도할지니라 믿음의 기도는 병든 자를 구원하리니 주께서 그를 이르키시리라 혹시 죄를 범하였을지라도 사하심을 받으리라" (야고보서 5:13~15).

용서 못하는 사람들은 죄 가운데 사는 삶이고 병든 마음을 가진 사람들이다. 주님께 용서함을 구하고 도움이 더 필요하다고 느껴지면, 용서 할 수 있는 마음을 가질 수 있도록 다른 영적으로 성장한 사람들에게도 기도를 해 달라고 부탁할 수 있다.

24. 주기도문으로 도움을 청하는 기도를 하라.

당신이 어떤 상황에 화가 나거나 하나님의 도우심이 필요한 상황이라면, 주 기도문을 계속해서 드려라. 특히 "악에서 우리를 구하옵시고"를 계속해서 기도하라. 다섯 번 그 기도를 되풀이하라. 아니면 당신이 진정될 때까지 그 기도문을 외워라. 예수님께서는 우리의 용서하지 못하는 마음에 치유함을 주실 수 있다. 하나님의 도우심으로 용서는 가능하며, 당신은 용서하는 법을 배울 수 있다. 예수님께서는 우리의 무너지고 상처 입은 마음을 치유하신다. 예수님께서는 화, 분노, 증오, 비탄감에 빠진 이들의 압박감을 풀어 주시지만, 당신은 각각의 영역을 하나씩 극복함을 통해서 과거를 잊는 법을 배워야만 한다. 용서는 과정이다. 그러니 하루 아침에 용서가 이루어지지 않는다고 포기하지 말라. 하나님의 도우심으로 용서를 위해 애를 쓴다면, 결국 당신은 용서하지 못하는 마음에서 자유로워질 것이다.

"그러므로 너희는 이렇게 기도하라. 하늘에 계신 우리 아버지여 이름이 거룩히 여김을 받으시오며 나라가 임하시오며 뜻이 하늘에서 이루어진 것 같이 땅에서도 이루어지이다. 오늘 우리에게 일용할 양식을 주시옵고 우리가 우리에게 죄 지은 자를 사하여 준 것 같이 우리 죄를 사하여 주시옵고 우리를 시험에 들게 하지 마시옵고 다만 악에서 구하시옵소서. (나라와 권세와 영광이 아버지께 영원히 있사옵니이다 아멘) 너희가 사람의 잘못을 용서하면 너희 하늘 아버지께서도 너희 잘못을 용서하시려니와 너희가 사람의 잘못을 용서하지 아니하면 너희 아버지께서도 너희 잘못을 용서하지 아니하시리라" (마태복음 6:9~15).

"네가 누구에게 불만이 있거든 서로 용납하여 피차 용서하되 주께서 너희를 용서하신 것 같이 너희도 그리하고 이 모든 것 위에 사랑을 더하라 이는 온전하게 매는 띠니라" (골로새서 3:13~14).

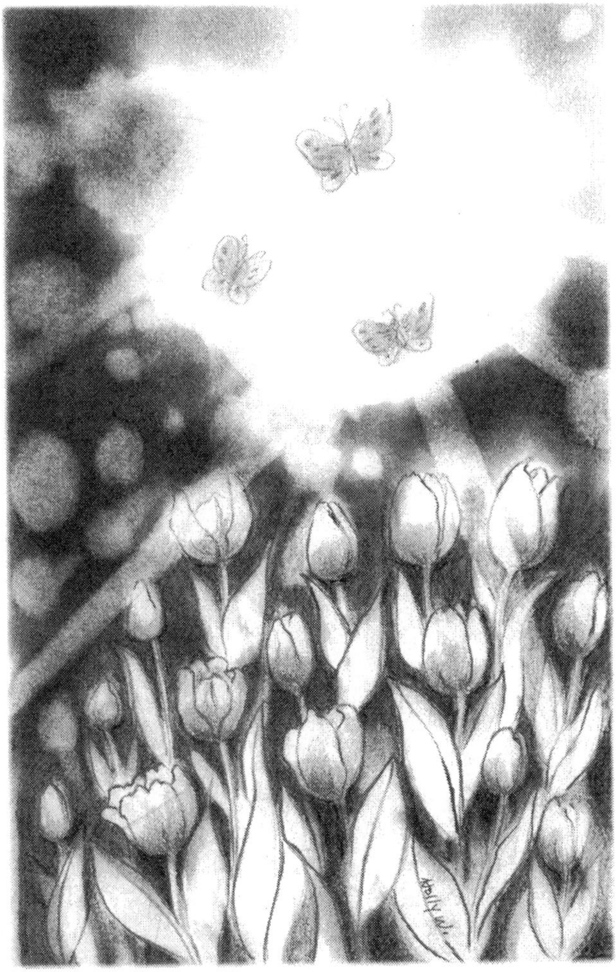

7장
용서의 묵상

예수님의 십자가 — 찰스 폭스 ACDF 재소자

용서의 묵상

이영희

2001년 덴버 여성 교도소에서 인턴 채플린으로 일할 때, 나는 용서하는 것을 배우는 클래스를 가르쳤다. 그때 나는 사람들이 "예수님으로부터의 편지"를 씀으로써 예수님의 사랑을 경험 할 수 있다는 사실을 알게 되었다. 내가 예수님께서 우리에게 편지를 어떻게 쓰실까를 상상하면서 이 클래스를 위해서 쓴 편지를 여기에 소개한다. 당신 또한 "예수님으로부터의 편지"를 쓸 수 있다.

예수님으로부터의 사랑의 편지

나의 사랑하는 아이야

나의 소중한 아이야, 나는 네가 홀로 길을 걸어 가는 것을 보았다. 너무 외로워 보이는 구나. 마치 아무도 네가 얼마나 슬픈지를 이해하지 못하는 것처럼 보이는구나. 나는 너의 뺨에 흐르는 눈물을 보았다. 마치 아무도 너에게 관심을 두지 않는 것처럼 말이다. 바람이 너의 눈물을 말리는구나. 나의 구멍 뚫린 손 또한 너의 눈물을 닦는다. 네가 슬프고 외로울 때, 나에게 와서 말하렴. 내가 항상 듣고, 너에게 위안을 주마. 기억하렴. 나는 네가 상상하고 생각하는 것보다 훨씬 더 깊이 사랑하고 항상 너를 생각하고 있단다. 나는 너를 창조했고, 너에게 삶을 주었다. 너는 나의 자녀이다. 나는 나의 깊은 것을 나에게 오는 그 누구와도 나눌 수 있다. 나에게 오렴. 나는 너의 친구 예수란다. 너는 나의 사랑을 받을 가치가 있다.

나의 훌륭한 아이야, 나는 네가 침대에 누워 있는 것을 보았다. 네 방에는 오직 달빛만이 비취는구나. 아무도 보지 않을 때, 나는 너의 슬픔의 눈물을 보았다. 너는 아무도 너를 이해할 수 없다고 생각하는 것을 내가 안다. 나는 네가 위안을 얻을 수 있도록 나에게로 돌아오기 원한다. 네가 침실에 들었을 때 나는 너의 흐르는 눈물을 닦았고, 너는 눈치도 못 챘지. 네가 베고 있던 베개는 나의 부드러운 팔이었지. 너는 내 팔에 안겨 잠이 들었단다. 나는 너의 슬픔을 이해한다. 너에게 평안과 위안을 줄 수 있는 이는 나 밖에 없다. 나에게 오너라. 나는 너의 친구 예수이다. 너는 나의 사랑을 받을 가치가 있다.

나의 사랑하는 아이야, 나는 네가 용서를 간구하는 소리를 들었다. 나는 너의 기록을 살펴 보았다. 그리고 나는 네가 말한 죄를 찾을 수가 없었다. 네가 너의 오래된 죄를 말한 것이라면, 네가 이미 회개했고, 용서 받은 것이므로 나의 기록에서 그 죄는 지워졌단다. 나는 더 이상 너의 죄를 기억할 수 없다는 것을 너에게 알려 주고 싶구나. 너의 죄로 인해서 더 이상 고통을 당할 필요가 없다. 너를 위한 나의 선물은 나의 생명이다. 십자가에서 나는 네가 용서를 받을 수 있도록 고통과 아픔, 고난을 겪었다. 너를 용서하기 위해 나의 피를 쏟았다. 나의 생명으로 너의 죄값을 치루었다. 너에게 아름답고도 성스러운 옷을 입혔다. 너는 너무나 사랑스럽기 때문에 나는 한순간도 너를 잊을 수가 없구나. 나의 아이야,

너는 용서를 받았다. 나는 너의 웃는 얼굴을 보기 원하고, 네가 영적인 자유를 선물로 받았다는 것을 알기를 원한다. 왜냐하면 내가 너의 과거, 현재, 그리고 미래까지 용서했기 때문이다. 너는 깨끗하고 순수하다. 나는 나에게 오는 그 누구라도 용서할 수 있다. 나에게 오너라. 나는 너의 친구 예수님이다. 너는 나의 사랑을 받을 가치가 있다.

나의 다정스러운 아이야, 네가 너의 과거를 비추는 거울 뒤에 서 있는 것을 보고 있다. 너의 수치심과 죄책감의 눈물을 보았다. 너는 너무나 슬퍼 너에게 무슨 일이 일어난 것인지를 다른 이들과 나눌 수 없구나. 나에게는 상처를 입어 피 흘리는 너의 마음이 보이는구나. 너의 슬픔에 나의 가슴이 아프구나. 왜냐고? 다른 사람들의 말과 행동에 대해서 네게 그 어떤 통제력도 없었기 때문에 너는 어떤 죄도 저지른 것이 아니다. 나는 너에게 일어난 일에 대해서 미안하구나. 성령은 너의 상처와 아픈 기억을 치유할 능력이 있단다. 나의 아이야, 나는 너의 고통을 느낀다. 나는 나에게 오는 그 누구를 향해서도 사랑과 동정심을 가지고 있단다. 나에게 오너라. 나는 너의 친구 예수님이다. 너는 나의 사랑을 받을 가치가 있다.

나의 아름다운 아이야, 너의 등에 진 죄책감과 수치심의 짐을 보았다. 네가 바닥에 쓰러졌을 때, 사탄이 너의 죄를 비난하고, 다른 이들이 상처를 준말과 행동을 상기시킴으로써 너에게 더 무거운 짐을 지게 하려고 했다. 너의 무기력한 눈물을 보았다. 왜 그랬니? 너는 내가 너의 죄를 용서하지 않을 것이라 생각했기 때문에 그랬던 것이다. 너는 내가 너를 도울 힘이 없다고 생각했다. 그런 너의 생각이 나를 눈물 짓도록 했다. 나는 너를 위해 고난을 당했고, 너의 짐을 졌다. 그래서 너는 그런 짐을 더 이상 지지 않아도 되었다. 나는 네가 나를 쳐다 보고, 나의 눈물을 보길 원한다. 나는 네가 나의 구멍 난 손을 만지고, 나의 용서를 받기를 원한다. 내가 너의 상처를 치유할 수 있도록 너의 모든 짐을 나에게 주렴. 너는 나의 평안과 기쁨을 가질 수 있다. 모든 사람들이 실수를 한다는 사실을 기억하거라. 내가 너를 용서했기 때문에 너 자신과 다른 이들을 용서하거라. 나는 너를 너의 모든 짐에서 자유롭게 하기 위해서 십자가에서 죽었다. 나의 손을 잡고 일어나서 나와 함께 걷자. 나를 올려다 보고, 나의 음성을 들어라. 그러면 나를 볼 수 있을 것이다. 나의 말을 듣고, 내가 너를 위해 한 일들을 이해하거라. 너의 죄는 십자가에 못 박혔다. 나의 보혈은 나에게 오는 모든 이들을 자유롭게 하는 권능을 가졌다. 너는 이제 자유롭고, 용서를 받았다. 나에게 오너라. 나는 너의 친구 예수님이다. 너는 나의 사랑을 받을 가치가 있다.

나의 기쁨의 아이야, 나는 오늘 너와 함께 나의 정원에서 춤을 추었다. 너의 기도가 나에게 기쁨을 주었다. 나는 네가 나를 기억하고, 나에게 온 것이 기쁘구나. 너의 다정한 음성은 나에게 감동을 주었고, 나는 너와 좀 더 춤 추기를 원했단다. 너의 미소가 나를 미소 짓게 하는구나. 만약 네가 나의 말을 듣고, 나와 말을 함으로써 나와 함께 춤을 춘다면, 너는 나의 권능, 성령과 함께 어려운 상황을 헤쳐 나갈 수 있을 것이다. 나는 내가 얼마나 너를 사랑하는 지와 네가 나에게 얼마나 사랑스러운 존재인지를 이해하기를 바란다. 너는 아침 일찍 떠오르는 빛나는 해와 같고, 장미꽃이 만발한 정원의 꽃과 같단다. 너는 나의 영광스러운 하늘을 장식하는 밝게 빛나는 별과 같단다. 나는 나에게 오는 누구에게든 나의 깊은 사고를 나눌 수 있단다. 나에게 오너라. 나는 너의 친구 예수님이다. 너는 나의 사랑을 받을 가치가 있다.

나의 은혜를 받은 아이야, 나는 너를 내 생명보다 더 사랑한단다. 너는 나의 기쁨이자 영광이야. 나의 사랑을 받으렴. 너의 사랑이야말로 내가 원하는 모든 것이란다. 나의 아버지께서 나의 아이들을 위해서 준비하신 은혜스럽고 성스러운 연회석에 너를 초대한다. 성령의 치유로 너의 잔이 흘러넘치는 모습을 네가 보기 원한다. 나는 네가 나의 음성을 듣고, 너에 대한 사랑으로 충만한 나의 얼굴을 볼 수 있도록 네가 나와 함께 걷기를 원한다. 성령은 환상과, 꿈, 희망, 기쁨, 평안, 사랑, 그리고 권능으로 너를 채울 수 있다. 나는 나에게 오는 누구에게든 성령을 선물로 줄 수 있단다. 너를 위해 준비한 영적 축복을 받으렴. 성령을 받으렴. 나에게 오너라. 나는 너의 친구 예수님이다. 너는 나의 사랑을 받을 가치가 있다.

　나의 능력의 아이야, 나는 너를 사역에 불렀고, 다른 상처받은 이들이 성령의 치유 권능을 경험할 수 있도록 용서의 메세지를 선언하기 위해서 불렀다. 성령의 권능에 의지해서 치유함과 변화됨을 받아라. 그러면 다른 이들이 너의 사역을 통해서 네가 경험한 것을 경험할 수 있을 것이다. 무엇보다 너는 항상 모든 영광이 그 누구도 아닌 나에게 속해 있음을 기억 해야만 한다. 나는 다른 이들을 치유하고 변화시킬 능력을 줄 수 있는 믿을 수 있는 사람을 찾고 있단다. 만약 네가 나의 마음을 가지고 복음을 위해서 죽을 수 있고, 나의 긍휼을 가지고, 성령께 순종한다면, 너는 너 자신과 다른 이들 안에서 치유와 변화를 경험할 수 있을 것이다. 와서 나를 따르라. 나는 너의 친구 예수님이다. 너는 나의 사랑을 받을 가치가 있다.

　나의 사랑하는 아이야, 이제 나가서 고통을 받고 있는 사람들을 돌볼 때이다. 너는 그들의 울부짖음이 들리느냐? 너는 그들의 아픔을 느끼느냐? 너는 그들의 상처를 볼 수 있느냐? 성령이 그들을 돕기 위해 무엇을 할 수 있는지를 이해하느냐? 많은 이들이 나를 몰라서 고통과 혼란 속에서 살고 있다. 많은 사람들이 이 아픔의 가시밭 길을 걷고 있다. 왜냐하면 그들이 나를 모르기 때문이다. 많은 이들이 내가 그들을 위해 한 일을 이해하지 못하기 때문에 죄책감의 무거운 짐을 지고 기진맥진 하며 걸어 가고 있다. 많은 이들이 성령의 힘으로 사탄에 저항하는 법을 알지 못해서 사탄의 비난하는 음성에 의해서 고통을 받는다. 많은 이들이 외롭고 슬퍼한다. 나의 사랑과 성령의 치유의 능력을 그들에게 상기시킬 필요가 있단다. 많은 이들이 내가 그들을 위해 가진 계획을 이해하지 못했기 때문에 삶의 목표를 모르고 비전과 꿈이 없는 삶을 살고 있다. 많은 이들이 성령의 치유와 변화의 능력을 이해하지 못하기 때문에 다른 사람을 돕는 것에 무력감을 느낀다. 나의 능력의 말씀에 의지하라. 꾸준히 기도하라. 그리고 성령의 음성을 듣고 인도하심을 따르라. 그러면 다른 이들도 너를 통해서 구원의 복음을 듣게 되고 치유와 변화를 경험할 수 있을 것이다. 내가 너의 안에 거하고, 네가 나의 안에 거하기 때문에 나는 네가 성령의 능력으로 나의 일을 하기를 원한다. 나의 품으로 오너라. 나는 너의 친구 예수님이다. 너는 나의 사랑을 받을 가치가 있다.

부록

<예수님께로 초대>

여러분은 삶이 너무 어렵고, 고통스러우며, 무의미하다는 생각을 한 번이라도 해보셨습니까?
사실 인간의 삶이 그렇습니다. 우리가 예수님을 마음에 영접하고 그분의 사랑을 이해하며 하나님께 용서를 받고 주님을 위해서 살려고 하기 전까지는 우리의 마음에 참된 평안이나 기쁨을 맛볼 수가 없습니다. 예수님을 믿고 그분의 사랑을 맛보고 어려운 삶 가운데에도 하나님을 위해서 복음을 전하는 사람이 되라고 권고하고 싶습니다.

예수님께서는 우리를 위해서 십자가에 죽으시고 부활하셔서 우리를 위해 기도하고 계십니다. 예수님을 아직도 영접하지 않으셨다면 이 시간에 기도로 그분을 영접하시고 구원을 받으십시오.

"예수님, 저는 죄인입니다. 저는 이 시간 주님을 영접하기 원합니다. 저에게 오셔서 저의 모든 죄를 용서하시고 저의 삶을 주관하시고 성령님의 인도하심으로 복음을 전할 수 있는 주님의 제자가 되기 원합니다. 제 마음의 모든 상처도 치유해 주시고 주님의 평안과 기쁨을 저에게 주시옵소서. 예수님의 이름으로 기도드립니다. 아멘."

교회를 안 다니신다면 믿음의 성도들과 교제할 수 있고 성경을 잘 가르치는 교회를 찾으시길 바랍니다.
성경을 매일 읽으시고 기도하시며 주님을 알려고 노력하십시오. 어떤 성경을 읽어야 좋을지 모르신다면 신약 복음서 (마태, 마가, 누가, 요한)를 읽고 예수님이 누구신지를 배우시기 바랍니다. 예수님의 사랑을 이해하고 예수님과 더 가까운 관계를 가지시려면 그분을 성경을 통해서 아는 것이 매우 중요합니다.

마음이 아플 때는 예수님께 상처를 치유해 달라고 기도하시고 또 어려움이 있을 때는 찬송을 부르며 주님에게서 위로를 받으며 승리하는 삶이 되시기를 바랍니다. 이 세상이 아무리 힘하고 어려워도 주님께서 도와주시면 승리하시는 삶을 살 수 있습니다. 주님을 위해서 살며 열매 맺는 삶을 살아야겠다는 목표를 가지고 사시기를 바라며 또 영적 성장을 위해서 기도 하시기를 바랍니다.

"예수님, 저에게 당신의 지혜를 주셔서 성경을 이해할 수 있게 해주시고 아직 용서 못한 사람이 있다면 다 용서할 수 있도록 당신의 사랑을 저의 마음에 부어주세요. 어떻게 살아야 하나님께 영광을 돌릴 수 있는지도 가르쳐 주시고 저에게 주님을 가르쳐 줄 수 있는 당신의 제자들도 만날 수 있게 도와주세요. 주님께서 저의 죄를 대속해서 십자가에 돌아가신 사랑도 더 알 수 있도록 저의 마음의 문을 열어주세요. 성령님, 저의 하루하루를 하나님께로 인도해 주시고 당신의 뜻에 순종 할 수 있게 도와 주세요. 예수님의 이름으로 기도드립니다. 아멘."

"영접하는 자 곧 그 이름을 믿는 자들에게는 하나님의 자녀가 되는 권세를 주셨으니" (요한복음 1:12).

"그러므로 이제 그리스도 예수 안에 있는 자에게는 결코 정죄함이 없나니 이는 그리스도 예수 안에 있는 생명의 성령의 법이 죄와 사망의 법에서 너를 해방하였음이라" (로마서 8:1).

"하나님이 세상을 이처럼 사랑하사 독생자를 주셨으니 이는 그를 믿는 자마다 멸망하지 않고 영생을 얻게 하려 하심이라" (요한복음 3:16).

변화 프로젝트 교도소 문서 선교
(Transformation Project Prison Ministry)

2005년에 설립된 변화 프로젝트는 교도소 문서 선교 비영리단체로서 20만권도 넘는 책들과 비디오들이 미국 전역으로 교도소, 형무소 그리고 노숙자 보호소에 목사들을 통해서 무료로 배포되고 있습니다. 아담스 카운티 교도소 수감자들의 신앙간증을 엮은 책이 영어로 6권, 스페인어로 2권이 출판 되었고, 비디오 영화가 4편이 제작되었습니다. 변화 프로젝트는 예수님의 복음을 땅끝까지 전하여 영혼 구원과 영적 성장을 초점으로 하는 소망의 문서 선교입니다.

변화 프로젝트를 후원하기 원하시는 분들은 수표를 Transformation Project Prison Ministry로 쓰시고 아래 주소로 보내주시면 됩니다.

Transformation Project Prison Ministry
P.O. Box 220
Brighton. CO 80601
홈페이지:www.maximumsaints.org
이메일: tppm.ministry@gmail.com
   yonghui.mcdonald@gmail.com

2013년에 한국에서 변화 프로젝트가 설립되었습니다.
한국 연락처: 이 본 목사, 변화 프로젝트 지부장
   하늘문교회, 인천시 남동구 구월3동
   1388-15, 우편번호 405-840
Cell: 010-2210-2504, 교회전화: 070-8278-2504
이메일: leeborn777@hanmail.net
홈페이지: http//blog.daum.net/hanulmoon24

교정선교 변화 프로젝트

교정선교 변화 프로젝트는 이 본 목사님이 한국에서 시작한 지극히 작은자에게 사랑과 소망의 가교 역할을 하는 교정선교단체입니다. 미국에서 추방된 교포형제, 자매들, 미국교도소에서 이송된 형제, 교도소접견, 교도소집회간증, 문서 선교를 통한 신앙치유 사역을 하고 있습니다.

후원계좌: 국민은행 048-401-04-062403
〈예금주 이 본〉
이 본 목사, 교정선교 변화 프로젝트 회장
인천시 남동구 구월3동 1388-15, 우편번호 405-840
Cell: 010-2210-2504, 교회전화: 070-8278-2504

이메일: leeborn777@hanmail.net
홈페이지: http//blog.daum.net/hanulmoon24
홈페이지: http//blog.daum.net/leeborn777

이 본 목사는 미국에서 무기수로서 22년 형을 살고 한국에서 목사가 되신 분입니다. 그분의 저서로는 『회색벽에 쓴 독백』이 있습니다.
　2013년에 변화 프로젝트 교도소 문서 선교에서 출판한 「이본 목사의 무기수가 주의 종이되기까지」는 미국에서 워싱턴주와 콜로라도주에서 기독교 신문에 연재되고 있고 한국과 미국에서 재소자들에게 무료로 배포가 되고 있습니다. 이 본 목사는 법무부 교정위원, 교도소 인성교육강사, 등단 시인이며, 그분의 신앙간증을 듣기 원하시는 분들이나 집회 초청하실 교회는 010-2210-2504 (한국 휴대폰)로 연락 주시면 감사하겠습니다.

재향 군인회 재단
(Veterans Twofish Foundation)

2011년 재향 군인회라는 비영리단체가 설립되어서 군인들과 군인 가족들의 신앙간증 책을 출판하여 미국 전역으로 교도소, 형무소, 노숙자 보호소 그리고 군인들에게 목사님들을 통해서 무료로 배포되고 있습니다. 재향 군인회를 후원하기 원하시는 분들은 수표를 Veterans Twofish Foundation으로 쓰시고 아래 주소로 보내주시면 됩니다.
홈페이지: veteranstwofish.org

Veterans Twofish Foundation
P.O. Box 220
Brighton, CO 80601

사마리아 교정선교회

고봉준목사/ 연락전화번호 / 010-4243-0288
연락주소/ 서울특별시 영등포구 여의도동 11번지
여의도 순복음교회 교정복지 선교회
고봉준목사

고봉준목사 교도소사역 후원계좌/
국민은행 511325 01 003156 [고봉준]
후원금은 교도소 사역에 필요한 재소자 영치금과 간식비
등으로 쓰여집니다.

집회 초청하실 교회는 010-4243-0288 (한국 휴대폰 고봉준 목사) 로 연락 주시면 간증집회나 부흥회로 만난 예수님 체험한 예수님과 받은 은혜와 사랑을 전하기 위해 세계 어느곳에라도 부르시기만 하면 달려가겠습니다.

    고봉준 목사의 저서로는 「꼴통목사의 전도 행전」 「꼴통목사의 전도행전 2」 와 「꼴통목사의 전도행전 (종결편)」 이 출판이 되었습니다.
    2015년에 변화 프로젝트 교도소 문서 선교에서 출판된 고봉준 목사님의 책 「결코 포기하지 않으시는 하나님」 은 한국과 미국에서 재소자들에게 무료로 배포가 되고 있고, 콜로라도 주 한인 기독교 신문에 연재가 될 계획입니다.

저자소개

-이영희-
(Yong Hui V. McDonald also known as Vescinda McDonald)

- 수원장로교 신학교 졸업 (1979년)
- Multnomah University, Portland, Oregon 졸업 (1984년 뭇노마 대학, 오레건주 학사학위 이수)
- Iliff School of Theology, Denver, Colorado, Master of Divinity 졸업 (2002년 아일맆 연합감리교 신학대학원, 석사학위 이수)
- Asbury Theological Seminary, Doctor of Ministry student (애즈베리 신학대학원, 박사학위 과정)
- Denver Women's Correctional Facility Intern Chaplain (2000~2001년) (덴버 여자 교도소 목회자 인턴쉽)
- Iliff Student Senate and Prison Ministry Coordinator (1999~2002년) (사회활동 위원회에서 활동하였으며, 교도소 선교를 시작함)
- Smoky Hill United Methodist Church (2001~2002년) (한인연합감리교회 목사 인턴쉽)
- Memorial Hospital, Colorado Springs, Colorado, Chaplain Intern Ship (2002년) (병원 목사 인턴쉽)
- St. Joseph Hospital, Denver, Colorado (2002년~현재 병원에서 목사로 재직)
- Adams County Detention Facility Chaplain, Brighton, Colorado (2003~현재 아담스 카운티 교도소에서 목사로 재직)
- 2005년 교도소 문서 선교 비영리단체를 설립함. 변화 프로젝트 (Transformation Project Prison Ministry)를 설립하여 책들과 비디오들이 미국 전역에 교도소, 형무소 그리고 노숙자 보호소에 목사들을 통하여 무료로 배포하고 있습니다.

아담스 카운티 교도소 재소자들의 신앙간증을 엮은 책이 영어로 6권, 스페인어로 3권이 출판 되었고, 비디오 영화가 4편이 제작되었습니다.
- 2008년 남편이 교통사고로 소천한 후 하나님의 치유를 경험하고 상처 받고 슬퍼하는 사람들의 영적, 정신적인 치유를 돕는 문서 선교 (Griefpathway Ventures LLC)를 2010년에 설립하여 그에 관한 책들이 영어와 스페인어 또 한국어로 출판 되었습니다.
홈페이지: www.griefpathway.com
- 2011년 군인들과 군인 가족들의 신앙간증을 발행하는 재향군인회 재단 (Veterans Twofish Foundation)라는 비영리단체를 설립하였습니다. 군인들과 군인 가족들의 신앙간증을 출판하고 미 전역에 교도소, 형무소 그리고 노숙자 보호소에 목사들을 통해서 무료로 배포하고 있습니다.

About The Author

Yong Hui V. McDonald, also known as Vescinda McDonald, is a United Methodist minister, chaplain at Adams County Detention Facility (ACDF) in Brighton, Colorado. She is a certified American Correctional Chaplain, spiritual director and on-call hospital chaplain.

She is the founder of the following:
- Transformation Project Prison Ministry (TPPM), a 501(c)(3) non-profit, in 2005. TPPM produces Maximum Saints books and DVDs of ACDF saints stories of transformation and they are distributed freely to prisons, and homeless shelters.
- GriefPathway Ventures LLC, in 2010, to produce books, DVDs, and audio books to help others to process grief and healing.
- Veterans Twofish Foundation, a 501(c)(3) non-profit, in 2011, to reach out to produce books written by veterans and veterans' families to reach out to other veterans and their families.

Education:
- Suwon Presbyterian Seminary, Christian Education (1976~1979)
- Multnomah University, B.A.B.E. (1980~1984)
- Iliff School of Theology, Master of Divinity (1999~2002)
- Asbury Theological Seminary, Doctor of Ministry student.

Books and Audio Books by Yong Hui:
- *Journey With Jesus, Visions, Dreams, Meditations & Reflections*
- *Dancing In The Sky, A Story of Hope for Grieving Hearts*
- *Twisted Logic, The Shadow of Suicide*
- *Twisted Logic, The Window of Depression*
- *Dreams & Interpretations, Healing from Nightmares*

- *I Was The Mountain, In Search of Faith & Revival*
- *The Ultimate Parenting Guide, How to Enjoy Peaceful Parenting and Joyful Children*
- *Prisoners Victory Parade, Extraordinary Stories of Maximum Saints & Former Prisoners*
- *Four Voices, How They Affect Our Mind: How to Overcome Self-Destructive Voices and Hear the Nurturing Voice of God*
- *Tornadoes, Grief, Loss, Trauma, and PTSD: Tornadoes, Lessons and Teachings—The TLT Model for Healing*
- *Prayer and Meditations, 12 Prayer Projects for Spiritual Growth and Healing*
- *Invisible Counselor, Amazing Stories of the Holy Spirit*
- *Tornadoes of Accidents, Finding Peace in Tragic Accidents*
- *Tornadoes of Spiritual Warfare, How to Recognize & Defend Yourself From Negative Forces*
- *Lost but not Forgotten, Life Behind Prison Walls*
- *Loving God, 100 Daily Meditations and Prayers*
- *Journey With Jesus Two, Silent Prayer and Meditation*
- *Women Who Lead, Stories about Women Who Are Making a Difference*
- *Loving God Volume 2, 100 Daily Meditations and Prayers*
- *Journey With Jesus Three, How to Avoid the Pitfalls of Spiritual Leadership*
- *Loving God Volume 3, 100 Daily Meditations and Prayers*
- *Restorative Justice, Grace, Forgiveness, Restoration, and Transformation, TPPM*
- Complied and published *Tornadoes of War, Inspirational Stories of Veterans and Veteran's Families* under the Veterans Twofish Foundation.
- Compiled and published five *Maximum Saints* books under the Transformation Project Prison Ministry.

DVDs produced:
- *Dancing In The Sky, Mismatched Shoes*

- *Tears of The Dragonfly, Suicide and Suicide Prevention (Audio CD is also available)*

Spanish books:
- *Twisted Logic, The Shadow of Suicide*
- *Journey With Jesus, Visions, Dreams, Meditations and Reflections*
- *Maximum Saints Forgive*

Korean books (한국어로 번역된 책들):
- 『예수님과 걷는 길, 비전, 꿈, 묵상과 회상』
 (*Journey With Jesus, Visions, Dreams, Meditations & Reflections*)
- 『치유, 사랑하는 이들을 잃은 사람들을 위하여』
 (*Dancing In The Sky, A Story of Hope for Grieving Hearts*)
- 『꿈과 해석, 악몽으로부터 치유를 위하여』
 (*Dreams & Interpretations, Healing from Nightmares*)
- 『나는 산이었다, 믿음과 영적 부흥을 찾아서』
 (*I Was The Mountain, In Search of Faith & Revival*)
- 『하나님의 치유를 구하라, 자살의 돌풍에서 치유를 위하여』
 (*Twisted Logic, The Shadow of Suicide*)
- 『승리의 행진, 미국 교도소와 문서 선교 회상록』
 (*Prisoners Victory Parade, Extraordinary Stories of Maximum Saints & Former Prisoners*)
- 『네가지 음성, 악한 음성을 저지하고 하나님의 음성을 듣는 영적훈련』 (Four *Voices, How They Affect Our Mind*)
- 『영적 전쟁에서의 승리의 길』 (*Tornadoes of Spiritual Warfare, How to Recognize & Defend Yourself From Negative Forces*)
- 『하나님 사랑합니다, 100일 묵상과 기도』 (*Loving God, 100 Daily Meditations and Prayers*)
- 『예수님과 걷는 길 2편, 비전, 꿈, 묵상과 회상』
 (*Journey With Jesus Two, Silent Prayer and Meditations*)
- 『우울증과 영적 치유의 길』
 (*Twisted Logic, The Window of Depression*)

- 『예수님과 걷는 길 3편, 영적인 여정에서 위험한 함정들』
  (Journey With Jesus Three, How to Avoid the Pitfalls of Spiritual Leadership)
- 『하나님 사랑합니다 2편, 100일 묵상과 기도』
  (Loving God Volume 2, 100 Daily Meditations & Prayers)
- 『자녀들의 영적 성장을 위한 지침서』
  (The Ultimate Parenting Guide)
- 『전쟁의 폭풍속에서, 퇴역 군인들과 군인 가족들의 회상록』
  (Tornadoes of War, Inspirational Stories of Veterans and Veteran's Families)
- 『용서의 기쁨』
  (Maximum Saints Forgive)

그린이 소개

-박영득-

박영득 (Holly Weipz)은 콜로라도 주 브라이튼시에 있는 성 어거스틴교회를 섬기고 있으며 특히 성체조배와 그림, 일러스트레이터를 통하여 주님께 영광을 드리는 자원봉사자 입니다.

역자 소개

-박연수 (Yeonsu Park)-

한국외국어 대학교 무역학과
이수건설 주택사업팀
Songs Elite Martial Arts Academy
방과후 교육 프로그램 실장
Fellowship Church/휄로쉽교회 섬김

Made in the USA
Charleston, SC
03 July 2015